정해진 미래
시장의 기회

[일러두기]

• 이 책에 소개된 통계는 아래의 기준으로 사용되었다.

먼저 미래의 시장 규모를 예측하는 데는 2015년 통계청이 실시한 인구주택총조사(인구센서스) 결과를 활용하여 서울대학교 보건대학원 인구학연구실이 직접 작업한 미래 인구 추계결과가 사용되었다. 인구센서스는 2015년 당시 한국에 실제로 거주하고 있는 내국인과 외국인의 수를 직접 헤아린 자료다. 우리나라 내수시장의 미래는 주로 한국에 실제로 거주하고 있는 내국인에 의해 영향을 받게 된다. 미래의 시장을 예측하기 위해서는 내국인 거주자의 수를 알아야 한다. 한편 2017년 출산율도 크게 하락하고 출산아 수도 35만 7000명으로 전년도에 비해 크게 줄었다. 앞으로도 출산율이 증가할 가능성은 그리 커 보이지 않는다. 통계청에서도 장래인구추계 결과를 발표하는데, 여기에는 외국인도 포함되어 있고, 실제 국내 거주자보다는 주민등록을 가진 사람들이 모두 반영돼 있다. 반면 최근 변화된 출산 경향은 반영되어 있지 않다. 그러므로 이 책에서는 가능한 한 시장의 현실을 보여줄 수 있는 시나리오로 서울대학교 보건대학원 인구학연구실에서 가공한 장래의 인구추계결과를 주로 활용하였다.

한편 본문에 언급된 통계 중에는 실제 거주자보다는 주민등록을 가지고 있는 사람들이 더 중요한 경우가 있다. 주민등록이 중요한 시장이나 경제 주체의 변화를 이야기할 때에는 주민등록 통계가 주로 활용되었다. 이 경우 본문, 도표 등 통계가 표시된 곳에 자료원을 따로 명시하였다.

• 본문 내용의 일부는 〈중앙일보〉를 비롯해 다양한 매체에 저자가 기고한 글들을 바탕으로 하고 있다.

인구변동에서 기회를 발굴하는 미래예측법

정해진 미래 시장의 기회

조영태 지음

북스톤

인구학자 조영태 교수가 예측한 한국 미래연표 ▶

2020년	**예상 출생아 수 약 30만 명** 영·유아 시장규모 2016년 대비 1/4 축소
2021년	**1961년생 은퇴자 수 89만 명 육박** 교육 수준 높은 세대의 창업 인구 급증 예상
2023년	**18세 인구 약 42만 명** 대학들, 신입생 충원 위해 등록금 인하 경쟁
2024~ 2025년	어린 자녀 둔 젊은 층 줄면서 지방 대형마트 철수 도미노
2025년	65세 이상 고령자 중 75세 이상 비율 41% 웃돌아
2027년	큰손 고객 '50대 사모님'의 고령화로 지방 백화점 중심의 상권 몰락 시작
2028년	**90대 인구 50만 명 돌파**
2030년	**20대 인구 460만 명**
2040년 이후	**인구 4명 중 1명 70세 넘어** 사회보장 비용 급증

정해진 숫자 뒤 의외의 기회를 찾는 법

졸저《정해진 미래》를 내고 2년 가까이 흘렀다. 그동안 엄청 바쁘게 지냈다. 크고 작은 기업을 비롯해 시도 단위부터 군 단위 지자체까지, 우리나라의 다양한 공동체에서 인구변화에 대해 알고 싶다고 요청해왔기 때문이다. 인구학이 이렇게 재미있는 학문인 줄 몰랐다고 하는 분들도 있지만, 사실 내 강의의 뒷맛이 그리 개운하지는 않았을 것이다. 기성세대는 노후가 걱정이고, 청년세대는 취업이 걱정이다. 입시공부에 시들어가는 10대들은 어렵게 대학을 나와 사회에 진출하면 엄청난 고령자들을 케어하는 사회적 비용을 떠안아야 한다. 이미 발생한 문제들도 있다. 학생이 줄어드는 와중에도 교사는 계속 늘었고 대학도 늘었다. 그 결과 책에서 경고한 지 1년도 되지 않아 교사 임용대란과 대학 통폐합 사태가 터져 나왔다.

기업은 어떠한가. 과거에는 시장조사를 하면 으레 인구통계부터 검토했는데, 요즘에는 이것이 '낡은 방식'으로 여겨지고 있다는 이야기를 간간이 들었다. 연령과 성별, 지역으로 나누는 인구통계로는 더 이상 인사이트를 얻을 수 없다는 것이다. 아마 많은 분들이 이렇게 생각할 것이다. 사람들의 라이프스타일이 다양해지고, 마케팅이 발달하면서 고객분석에 대한 정교한 방법론이 계속 개발되었을 터이니 인구조사의 중요성이 낮아진 것도 나름대로 수긍이 되었다. 그런데 막상 기업에 자문을 해보니 인구분석의 비중이 낮아진 정도가 아니라 아예 간과돼왔음을 비로소 알게 되었다. 나도 놀랐고, 지적을 받은 기업도 새삼 놀랐다. 그릇에 넘치게 물을 담을 수는 없는 일인데, 물(제품)을 담을 그릇(시장)이 얼마나 큰지 파악도 하지 않고 있었다니. 가장 기본이 되는 토대를 다지지 않은 채 디테일에만 신경 썼던 것은 아니었을까.

인구에 대해 손 놓고 있었던 것은 기업만이 아니다. 언론에서 저출산·고령화가 큰일이라고 목소리를 높인 지 10년이 넘었고, 그간 정부가 저출산 대응에 들인 예산만 120조 원이 넘는다. 하지만 상황이 나아지고 있다는 체감은 시쳇말로 '1도 없다.' 어린 시절 매일같이 들었던 어머니 잔소리에 둔감해졌던 것처럼, 우리도 말로는 위기라고 외치면서 오히려 인구문제에 점점 둔감해졌던 건지도 모르겠다.

그래도 다행인 점은 최근 들어 인구문제를 바라보는 우리의 시선이 한층 진지해지고 현실적이 되었다는 것이다. 미래에 대비하려면 인구를 알아야 한다는 공감대가 확산되고 있다는 것을 느낀다. 누구나 위기의식을 피부로 느낄 만큼 인구문제가 더 악화되었기 때문일까? 그럴지도 모르지만, 마냥 비관적으로만 생각할 일은 아니다. 이제부터라도 인구변화가 만들어낼 '정해진 미래'를 알고 우리의 미래를 바꿔가면 된다.

그중에서도 특히 기업의 위기의식과 대응이 빠르다는 것을 느낀다. 경영에 문외한인 내게 기업이 찾아오는 이유가 무엇이겠는가. 회사의 중장기 전략을 세우려면 인구를 알아야 한다는 데 공감하고 있다는 방증일 것이다.

그러나 어느 시기에 몇 명이 태어났고 얼마나 오래 사는지 등 겉으로 드러난 숫자만 파악해서는 인구를 안다고 할 수 없다. 짐작건대 기업이 시장조사에서 인구분석을 생략한 이유도 표면적인 숫자에서 얻을 수 있는 시사점이 별반 없었기 때문일 것이다. 인구분석이 중장기 전략을 세우는 통찰로 이어지려면 좀 더 깊이 들어가야 한다. 인구의 출생과 이동, 사망 이면의 집단적 움직임을 읽을 수 있어야 한다. 또한 그들이 어떤 삶을 영위해왔고, 앞으로 영위해갈지를 살펴야 한다. 이것이 내가 줄곧 주장하는 '인구학적 관점'이다.

예를 들어보자. 여기 참치캔 회사가 있다. 맞다, 당신 머릿속에 떠오른 그 회사다. 인구변화가 이 회사에 긍정적인 영향을 미칠지, 부정적인 영향을 미칠지 생각해보자.

오래 저장할 수 있는 캔음식은 일반적으로 전업주부가 아침저녁으로 음식을 조리하는 가정보다는 맞벌이 가정에서 더, 혼자 사는 가구에서 더욱더 애용된다. 가장 쉽게 떠올릴 수 있는 이들은 '자취생'이다. 그런데 앞으로 20대 인구가 줄어들면 자취생도 줄어들 테니 참치캔 소비량도 줄어들까?

인구통계를 보면 20대 1인 가구는 줄어든다 해도 혼자 사는 가구가 20~30대를 넘어 40대와 고령층에까지 확산되는 추세이니 어쩌면 소비량이 더 늘어날지도 모른다. 나이 들면 새로운 음식에 길들여지기 힘든데, 참치캔은 기성세대에게도 매우 친숙하기 때문에 노인들도 충분히 먹을 수 있다. 더욱이 노동 시장이 유연화되면서 양극화가 심화될 텐데, 노인이든 젊은이든 소득이 적으면 저렴하고 조리가 번거롭지 않은 캔음식을 더 많이 찾게 될 것이다.

이 짧은 분석에도 세대별 인구변동과 그들의 입맛, 우리 사회의 가구 구조 변화와 소득 양극화 등 다양한 인구요소가 반영된다. 여기에 또 하나, 지구적 경쟁이 일어나는 시대인 만큼 인구추이를 볼 때 국내인구뿐 아니라 해외인구도 고려해야 한다.

일본은 고령화가 진전되었고, 미국은 히스패닉이 급격히 팽창하고 있다. 중동은 젊은 인구가 급증하고 있고, 베트남도 양질의 젊은 인구들을 바탕으로 급성장하는 중이다. 히스패닉은 참치를 많이 먹지만 우리와 입맛이 다르므로 우리나라 제품이 선전하기를 기대하기는 어렵다. 그들이 즐겨 먹는 참치캔은 미국에 거점을 둔 브랜드다. 그렇다면 한국의 참치 회사는 미국 시장을 구경만 하고 있어야 할까? 아니다. 미국 브랜드와 제휴하거나 인수하는 등의 방안을 폭넓게 추진해볼 수 있다. 그렇게 되면 팽창하는 미국의 히스패닉 인구는 '그림의 떡'이 아니라 '성장하는 시장'이 된다. (실제로 이와 유사한 인수협상이 성사되었다.)

베트남도 기회의 땅이 될 수 있다. 베트남처럼 더운 나라에서는 회가 꽤 고급음식에 속한다. 최근 베트남이 급성장하면서 고급음식을 찾는 인구가 늘고 있다. 지금은 아쉬운 대로 훈제연어를 먹는데, 만약 이 나라에 냉동 참치회를 수출할 수 있다면?

어떤가? 우리나라 인구변동을 숫자로만 읽으면 사실 좋은 신호가 별로 없다. 하지만 조금만 깊이 들어가 보면 숫자 뒤에 슬쩍 가려져 있던 삶의 모습이 드러난다. 의외의 기회가 그 안에 있다. 더욱이 대충 지나치는 사람들 눈에는 보이지 않는 기회이니, 남들보다 먼저 포착할 수도 있다.

책을 내고 그동안 과분한 관심을 받아 다양한 산업군에 자문할 기회가 생겼다. 덕분에 각 업종이 처한 현실을 깊이 연구하고, 인구학적 관점에서 조언을 드릴 수 있었다. 어느 업종은 뾰족한 대안이 보이지 않아 안타까웠고, 어떤 업종은 의외의 기회가 발견돼 보람을 느끼기도 했다. 이 책에 묶인 내용은 그동안 서울대 인구학 연구실과 함께 수행해온 산업별 전망에 대한 연구 결과물이다.

1부에서는 인구라는 거대한 이슈를 어떤 관점에서 바라보아야 비즈니스의 힌트를 얻을 수 있는지 설명했다. 《정해진 미래》에서도 인구의 중요성에 대해 강조했지만, 특히 기업에는 어떤 점에서 중요한지를 1장에서 중점적으로 밝혔다.

인구학적 관점을 강조하면 많은 분들이 너무 막연하고 막막해서 어디서부터 접근해야 할지 모르겠다고 한다. 인구, 나아가 소비시장 변화를 좀 더 간결하고도 입체적으로 볼 방법이 없을까?

다행히 있다. 2장에서 그 방법을 안내했다. 3장에서는 인구변화의 다양한 요소 중 우리나라 기업의 미래에 특히 큰 영향을 미칠 8가지 요소를 정리했다.

2부에서는 1부에서 제시한 방법론을 토대로 각 산업별로 주목해야 할 인구현상을 분석하고 전망과 기회에 대해 소개했다. 경영전략가가 아닌 만큼 구체적인 전략을 제시하기보다는 각 산업이 맞게 될 미래의 모습을 그려내는 데 중점을 두었다. 또한 가급적 다양한 분야를 다루고자 했으나 충분히 연구하지 않은 분야는 오도된 정보를 줄까 염려돼 제외했음을 양해해주시기 바란다.

현업에서 지금도 분투하고 있는 분들에게 업계 문외한인 학자가 이래라 저래라 훈수를 두는 것 같아 조금 망설여지기도 한다. 또한 해당 산업에서 중요하게 여기는 다른 많은 변수가 간과돼 있다고 질타할까 두려운 마음도 든다. 4차 산업혁명, 인공지능, 온갖 규제를 비롯한 정부 정책, 플랫폼 변화 등 기업이 고려해야 할 변수는 한두 가지가 아닐 것이다. 이 모든 것을 고려한 전략을 제시하는 것은 내 능력을 벗어나는 일이므로, 이 책에서는 철저히 인구변동이 불러올 변화와 위기 그리고 기회에 대해서만 다루었다. 책에서 제시하는 인구학적 전망에 현장의 고민과 통찰을 더해 저마다 최적의 전략을 만들기를 기대한다. 기업이 새로운 기회를 찾아내 눈앞의 위기를 돌파해내고, 그 결과 개인과 우리 사회의 삶이 더 나아질 수 있다면 학자로서뿐 아니라 한국사회라는 공동체의 일원으로서 더 큰 보람이 없을 것이다.

CONTENTS

PART 2 작아지는 시장, 새로운 기회를 찾아라

PART 1

인구에서
소비시장을 읽는 법

인구전망

없이

사업전략 없다

경영에도 인문학적 사고가 필요하다는 이야기를 많이 한다. '인 문경영'이라는 용어도 생겼고, 인문학 강의도 인기 있다고 한다. 인문학적 사고가 중요하다는 데 백번 동의한다. 여기에 더해 나는 인구학적 사고 또한 기업활동에 반드시 필요하다고 말하고 싶다.

인구학적 사고? 선뜻 의미가 와 닿지 않는가?

인구학이 다루는 것은 한 사회 구성원들의 출생, 사망, 이동이 다. 이 3가지 요인이 각각 어떻게 변화하는지에 따라 인구가 늘어 나기도 하고 줄어들기도 하고, 젊은 나라가 되기도 하고 늙어가는 나라가 되기도 한다. 이 변화의 와중에 위험요인이 있고 기회가 생긴다.

대한민국 인구구조가 급격히 변화하고 있다는데, 도대체 어떻게 변화하고 우리 산업에는 어떤 영향을 미치게 될까? 인구의 변화 흐름을 이해하는 것, 이것이 기업에 필요한 인구학적 사고다. 인구학적 사고를 갖추면 누구나 접근 가능한 인구 데이터만으로도 미래 시장의 모습을 미리 볼 수 있다.

현재의 인구를 보면 미래의 시장이 보인다

기업에 인구학적 사고가 필요한 이유는 무엇보다 인구가 생산과 소비의 주체이기 때문이다. 인구는 사회를 구성하는 가장 기본적인 단위이며, 시장의 규모도 인구에 의해 결정된다. 재화, 노동, 금융, 부동산 등 모든 산업은 시장이 있게 마련이다. 이 모든 시장은 사람에 의해 결정되고 움직인다.

물론 인구의 크기가 시장의 크기로 단순 치환된다는 의미는 아니다. 인구가 얼마나 많은지뿐 아니라 어떻게 구성되었는지를 알아야 시장의 모습을 파악할 수 있다. 재화 시장의 경우 물건을 구매하는 인구가 많아진다는 것은 시장이 커지는 것을, 반대로 구매인구가 적어진다는 것은 시장의 크기가 줄어드는 것을 의미한다.

여기에 인구의 연령구조가 달라지면 노동 시장도 변화할 수밖에 없다. 젊은 인구가 많고 전반적인 경제 상황도 좋으면 노동 시장은 이들을 어떻게든 활용하기 위해 필요한 제도들을 만들어낸다. 반면 베이비부머가 은퇴를 앞두고 있는데 사회보장 시스템은 미비하다면 사회는 어떻게든 이들을 노동 시장에 더 오래 붙잡아 두기 위한 정책을 펼치게 된다. 현재 한국의 많은 기업이 도입하고 있는 임금피크제가 좋은 예다.

금융 시장도 예외가 아니다. 젊은 인구가 많으면 이 인구가 보험, 증권, 연금 등을 활발히 구매해 금융 시장이 커진다. 반면 은퇴 인구가 많아지면 젊은 구매자보다 보험금을 수령할 인구가 커져 금융 시장은 어려움을 겪게 된다.

이렇듯 분야를 막론하고 모든 기업에서 미래 시장을 예측하는 데 가장 중요하고도 기본적인 요소가 '어떤 사람들이 얼마나 살게 될 것인가'다. 이를 예측하는 도구가 '장래인구추계'다. 한 사회의 인구가 어떻게 출생, 사망, 이동하는지를 분석해 지금의 인구가 10년 뒤 혹은 20년 뒤에 어떻게 바뀔지 예측하는 것이다. 장래인구추계를 활용하면 미래 시장의 특성 역시 정확하게 파악할 수 있다. 〈도표 1〉은 인구변동이 사회구조와 시장에 영향을 미치게 되는 경로를 보여준다. 출산율과 사망률, 인구이동의 변화만으로 시장의 변화를 예측할 수 있음을 알 수 있다. 이것이 바로 미래 시장의 상당 부분이 오늘의 인구에 의해 정해져 있다고 말하는 이유이고, 현재 인구를 볼 수 있으면 미래의 시장을 알 수 있는 이유다.

구체적인 예를 들어보자. 요즘은 대기업뿐 아니라 많은 중소기업에서 품질 좋은 저가 화장품을 출시해 인기를 얻고 있다. 그렇

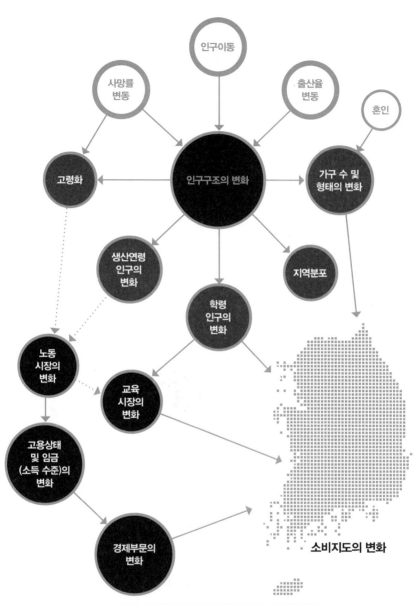

인구이동

사망률
변동

출산율
변동

혼인

고령화

인구구조의 변화

가구 수 및
형태의 변화

생산연령
인구의
변화

지역분포

학령
인구의
변화

노동
시장의
변화

교육
시장의
변화

고용상태
및 임금
(소득 수준)의
변화

소비지도의 변화

경제부문의
변화

〈도표 1〉 인구변동에 따른 사회구조 및 시장의 변화

다면 2030년의 저가 화장품 시장은 어떨까?

다른 많은 변수가 있겠지만, 인구학적 관점으로만 볼 때 국내시장의 미래는 그리 낙관적이지 않다. 현재 이 시장의 주요 고객은 20~30대 초반 여성이다. 구매력이 크지 않은 젊은 여성들에게 중저가라는 점은 매력적인 포인트다. 2017년 우리나라에 거주하고 있는 내국인 20~34세 여성인구는 약 462만 명으로, 이 숫자가 현재 중저가 화장품의 기본적 시장규모라 할 수 있다. 그런데 서울대학교 인구학연구실의 장래인구추계에 따르면 2030년에는 이 연령대의 인구가 367만 명 정도밖에 되지 않는다. 어떻게 이렇게 장담하느냐면, 2017년에 7~21세였던 여성들이 2030년에 그 연령대가 될 것이기 때문이다. 이들이 해외로 집단 이주하거나 외국인이 급작스레 들어오지 않는 한, 이 숫자는 현재 인구규모로 이미 정해져 있는 셈이다.

인구규모가 비관적이라면 인구 특성에서 희망을 찾을 수는 없을까? 10여 년 후 20~34세 여성들의 소득수준이 지금보다 월등히 높아진다면 당사자들에게는 다행이지만, 저가 화장품 회사는 오히려 고객을 고가 화장품 회사에 빼앗기게 된다. 반대로 소득이 더 줄어든다면? 소득이 줄어든다고 아예 화장을 포기하는 여성은 많지 않을 테니 대부분의 여성들은 지금처럼 저가 화장품을 사용할 것이다. 그러나 이 연령대 고가 화장품 사용자는 원래 많지 않았으므로, 그 사람들이 모두 저가 화장품으로 갈아탄다 해도 증가폭은 크지 않을 것이다. 또한 해당 연령대의 인구 자체가 줄어드니 그만큼 시장 축소는 피할 수 없다. 결론적으로 저가 화장품 시장은 10여 년 만에 20% 가까이 작아질 수도 있다는 것이다. 중저가 화장품을 취급하고 있다면 간과해서는 안 될 미래의 정해진 모습이다.

이처럼 멀지 않은 시기에 도래할 시장의 미래상은 이미 오늘의 인구에 의해 정해져 있고, 읽을 수 있다. 혹자는 "당신은 전문가이니 인구통계를 분석할 수 있지만 인구학을 모르는 우리는 어쩌란 말인가?" 하고 반론을 제기할지 모른다. 걱정할 필요 없다. 우리나라 통계청이 이미 국민 모두를 위해 현재는 물론 2060년까지 우리나라 인구가 어떻게 바뀌어갈지 추계작업을 해놓았으니 말이다.

물론 통계청이 추계해놓은 미래의 인구가 100% 정확할 수는 없다. 특히 안 그래도 낮은 우리나라의 출산율이 최근에 전 세계에서 가장 낮은 수준으로 또 떨어지면서 통계청이 2016년에 예측해놓은 2017년의 출생아 수(약 43만 명)가 실제(약 35만 7000명)를 제대로 반영하지 못하는 것으로 나타났다. 하지만 우리가 궁금해하는 미래는 10년 혹은 15년 뒤인데, 통계청의 출생아 수 예측이 틀렸더라도 이미 태어나서 자라고 있는 0~9세 혹은 0~14세 아이들의 규모가 훨씬 크므로 전반적인 시장과 산업에 주는 여파는 크지 않다. 그러므로 미래의 시장을 예측하기 위해 통계청이 만들어놓은 인구추계 결과를 활용해도 무리가 없을 것이다. 물론 이 책에서는 우리나라 시장을 더 정확하게 반영하기 위해 우리나라에 거주하고 있는 내국인을 추계한 서울대학교 인구학연구실의 통계치를 주로 사용하였다.

해외시장은 누구에게나 기회의 땅일까?

저가 화장품의 밝지 않은 미래를 들여다보던 중 의문이 생긴다. 우리나라 화장품은 외국에서도 잘나간다던데? 한국시장이 작아지면 해외시장에서 더 많이 팔면 되지 않나?

타당한 추론이다. 다만 해외시장이라고 우리 제품을 무작정 수용하지는 않을 테니 그들의 시장은 어떻게 변화하는지를 살펴야 한다. 물론 인구학적 관점으로 말이다.

내가 시장규모 및 성장 가능성과 인구의 상관관계를 설명할 때 사례로 자주 드는 곳이 베트남이다. '또 베트남이냐' 하실 분들도 있겠지만, 베트남 정부에 인구정책을 자문하면서 연구하고 눈으로 확인한 나름의 정보와 식견이 있어서 그러는 것이니 너그러이 이해해주시기 바란다. 아닌 게 아니라 베트남 인구변화를 분석하다 보면 '여기 진출하면 잘될 것 같은데?' 싶은 사업 아이템이 적지 않다. 그중 하나가 '피임약'이다.

베트남은 2015년 당시 전체 인구의 68%가 결혼한 상태로, 여전히 결혼이 당연한 인생의 통과의례로 받아들여지는 나라다. 게다가 결혼을 일찍 하는 편이어서 2015년 당시 25~29세 여성 중 결혼하지 않은 비율은 20% 정도에 불과했다(〈도표 2〉 참조). 특이한 점은 여자만 결혼을 일찍 한다는 것이다. 1989년 이후 남성의 초혼연령이 꾸준히 높아진 반면 여성은 오히려 1999년에 다소 낮아진 후 그대로 유지되고 있다. 경제가 발전하는 와중에도 여성의 사회적 역할은 남성에 비해 확장되지 않았음을 의미한다.

절대다수의 여성이 일찍 결혼하는 만큼 초산연령도 낮고, 아이

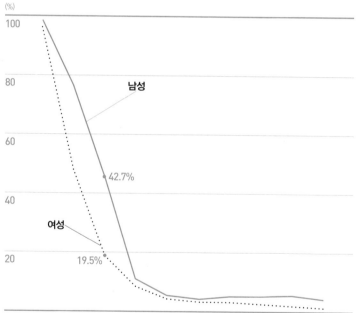

〈도표 2〉 베트남의 연령별 미혼 인구(2015) (출처 : 베트남 Kết QuảChủYếu, Điều Tra Biến Động Dân Sốvà KếHoạch Hóa Gia Đình. 2015. Tổng Cục Thống Kê.)

를 많이 낳을 가능성도 크다. 늘어나는 인구를 제한하고자 정책을 펼치는 베트남 정부로서는 피임에 관심을 가질 수밖에 없는 상황이다.

그런데 이 사실을 아는가? 나라마다 대세 피임법이 다르다. 피임은 국가의 발전 정도 그리고 성평등 의식수준과 밀접한 관련이 있다. 저개발 국가에서는 여성이 삽입형 피임을 하는 경우가 많은 반면 경제가 발전하고 여성들의 의식수준이 높아질수록 삽입형보다는 경구용 피임제를, 나아가 남성용 피임도구를 선호하는 경향을 보인다. 아무래도 몇 년씩 몸에 삽입하는 제형보다는 4주 단위로 필요할 때마다 간편하게 복용할 수 있는 경구용 피임약이 그나마 덜 꺼림칙하기 때문일 터다. 물론 경구용 중에서도 가급적 부작용이 적은 안전한 피임약을 원하게 마련이다.

급속히 발전하는 나라인 만큼 오늘날 베트남 여성들도 삽입형보다는 경구용 피임약을 선호한다. 하지만 아직 좋은 피임약을 자체 생산하지는 못하는 터라 베트남 정부가 나서서 외국 약품을 수입하고 있는 실정이다. 이미 인도와 중국에서 수입하고 있지만, 아무래도 그들보다는 한국에서 생산한 약이 더 안전하지 않을까?

이쯤에서 한국의 업계 현황을 보자. 현재 한국에서는 21개들이 경구용 피임약이 매년 500만 갑가량 팔리고 있다. 2015년 당시 우리나라 25~29세 여성 중 76%가 미혼 상태로, 베트남과 확연히 비교된다. 한국은 비혼인구도 많을뿐더러 결혼하더라도 늦게 하기 때문에 베트남에 비해 여성이 일상적으로 피임약을 복용하기보다는 그때그때 남성이 피임도구를 사용하는 편이다. 결혼하고 피임약을 복용하는 경우도 대개 출산 후이며, 그나마 2~3년 정도 사용하다가 끊는다. 피임약을 복용하는 인구 자체도 적은데, 사용 기간마저 길지 않은 것이다. 게다가 여성의 의식수준이 높아질수록 여성보다는 남성의 피임 비율이 높아진다. 피임약 만드는 회사로서는 한국시장이 이래저래 밝지 않다.

그러던 차에 베트남에서 한국 피임약의 가능성이 엿보인다면? 베트남에서는 2016년 한 해에만 피임약 2000만 갑이 팔렸다고 한다. 게다가 베트남 정부의 인구정책 방향이 유지되고, 안전하고 효과 좋은 '한국제'임을 홍보한다면 판매량은 2배까지 늘어날 것으로 예측되고 있다. 이미 말했듯이 베트남은 거의 모두가 일찍 결혼한다. 피임약을 필요로 하는 연령도 낮을뿐더러 사용기간도 한국에 비해 길다. 현재 유지되고 있는 피임약 시장 자체도 크지만 앞으로 더 커질 가능성이 있다면, 한국 기업으로서는 진출하지 않을 이유가 없다.

해외에서 새로운 기회를 찾은 피임약은 행복한 사례다. 우리 기업의 기술력을 필요로 하는 시장이 있으니 말이다. 그러나 모든 산업이 그런 행운을 누리는 것은 아니다.

시장에 따라 인구변화가 남의 나라 이야기처럼 들리는 산업이 있는가 하면, 이미 몇 년 전부터 변화의 직격탄을 맞고 있는 산업도 있다. 영유아를 대상으로 한 산업이 그렇다. 사교육처럼 부가 가치가 천차만별인 영역은 사교육 열풍을 일으키고 커리큘럼을 고급화해 단가를 올려서 활로를 모색해왔지만, 생필품을 비롯한 대부분의 일상재는 그렇지 않다. 예컨대 기저귀 같은 품목은 가격을 마냥 올리기도 어렵고, 한 개 쓰던 것을 두 개 쓰게 할 수도 없다. 2015년에 43만 명이 태어났는데 그다음 2016년에는 40만 명이 태어났다. 안 그래도 초저출산 시대인데 1년 만에 출생아 수가 3만 명이나 줄어든 것이다. 그에 따라 영유아용 기저귀 시장이 타격을 입는 것은 당연한 이치. 국내 기저귀 시장의 규모는 한 해에 만 1300억 원이나 줄었다고 한다.

더 심각한 문제는 이것이 일시적인 현상이 아니라는 데 있다. 출산 기피 현상은 한국사회 전반에 만연해 있어서, 정확성을 자랑하는 통계청마저 애초에 2017년 출생인구를 43만 명으로 예상했다가 35만 명으로 조정해야 했을 정도다. 통계청이 애초에 예상한 대로라면 2016년의 출생아 감소가 일시적인 현상이었을 테지만, 실제로는 그렇지 않았다. 이제는 출생아가 매년 3만~4만 명씩 줄어드는 현실을 부정할 수 없게 되었다. 혼인 및 출산이 기피되는 이유는 일자리, 부동산, 문화 변화 등 매우 복합적인데 이러한 원인은 앞으로도 개선될 가능성이 크지 않다. 결국 혼인과 출산이 기피되는 현상 역시 달라지지 않을 테고, 출생인구가 늘어날 가능성 또한 높지 않다.

출생아 감소가 일시적 현상일 수 없는 또 다른 이유는 저출산이 한 세대 전에 이미 정해진 수순이기 때문이다. 흔히 젊은 세대의 출산 기피 현상을 출산율 저하의 원인으로 꼽는데, 이것이 원인의 전부는 아니다. 무엇보다 현재 가임기 여성인구가 너무 적다. 주된 출산연령층인 25~34세의 여성인구가 2015년 약 320만 명에서 2017년 300만 명으로 20만 명이 줄었다. 특히 출산율이 가장 높은 연령대인 28~34세의 여성 수는 2016년 약 220만이었다가 2017년에는 213만 명, 2018년에는 207만 명으로 급감했다(〈도표 3〉 참조). 왜 이렇게 됐는지는 1990년 116까지 치솟았던 성비불균형이 단적으로 설명해준다. 자연 상태의 성비는 105, 즉 여아 100명이 태어날 때 남아 105명이 태어나는 것이다. 그런데 유독 '백말띠'였던 1990년에만 자연의 이치를 거스르고 남자아이가 많이 태어난 것이 순전히 우연이라 여길 사람은 없을 것이다. 그 시절에 여아가 태어나는 것을 어떻게든 막았던 결과 오늘날 주 출산연령층인 여성인구가 적은 것이다. 그러니 이들이 모두 결혼해 아이를 둘셋씩 낳는다 해도 과거만큼 출생인구가 늘어나는 건 불가능하다. 기성세대들이 흔히 '젊은 사람들이 애를 안 낳는다'며 요즘

	2015년	2016년	2017년	2018년	2019년	2020년
15-49세	12,337,932	12,230,518	12,068,198	11,863,841	11,657,701	11,442,766
25-39세	5,058,339	5,010,281	4,971,214	4,941,509	4,880,498	4,800,054
25-34세	3,202,138	3,121,285	3,058,081	3,023,678	3,026,366	3,049,344
28-34세	2,339,713	2,233,204	2,129,309	2,066,809	2,056,851	2,082,944

〈도표 3〉 2015~20년 가임기 여성인구 변화 (출처 : 통계청 KOSIS, 장래인구추계)

의 풍조에 혀를 차는데, 남아선호사상이 강했던 기성세대들이 과거에 딸을 덜 낳았던 업보(?) 때문에 오늘날 이처럼 구조적인 저출산 문제가 생겼음을 간과해서는 안 된다. 여기에 출산 기피 경향이 더해지면서 저출산 흐름이 브레이크 없이 심화되는 것이다.

이렇게 정해져 있는 미래가 기저귀 산업에 긍정적 영향을 미칠리 없다. 통계청은 2020년까지 매년 42만 명이 태어날 것으로 예측했지만, 기존의 저출산 정책이 거의 무용지물이었던 점에 비추어볼 때 정부 정책이 30만 명대로 떨어진 저출산 흐름을 반등시킬 것이라 기대하기는 어렵다. 아이를 낳는 연령대의 여성인구가 축소될 것이라는 점, 혼인율은 계속 낮아지고 혼연 연령은 계속 높아지고 있다는 점 등을 고려한다면 나는 2020년에는 출생인구가 30만~31만 명 수준이 될 것이라 예상한다. 2015년 43만 명에서 5년 만에 약 30%가 줄어든다는 뜻이다.

이는 결국 영아 기저귀 시장의 현격한 축소를 의미한다. 관련 기업으로서는 지금까지의 사업전략을 진지하게 재검토해야 할 것이다. 이대로라면 공장 가동률을 25% 이상 줄여야 하는데, 이게 말처럼 쉬운가. 내 시나리오가 현실이 되면 영아 기저귀 회사는 생산라인 몇 개를 중지하거나 탄력적으로 가동해야 한다고 한다. 단순히 생산량을 줄이는 것으로 끝나는 게 아니라, 그곳에서 일하는 사람들을 해고해야 한다는 의미다.

그렇다면 피임약 회사처럼 해외시장을 개척하면 되지 않겠느냐고? 여기에 국내 기저귀 회사의 고민이 있다. 국가별 출산율을 분석해 적합한 해외시장을 찾는다 해도, 이미 그곳에 강력한 경쟁자가 있기 십상이다. 킴벌리클라크나 P&G 같은 글로벌기업들이 세계 곳곳에 진출해 있는 데다, 품질 좋기로 유명한 일본 기저귀도 세계 어디서나 살 수 있다. 이러니 해외진출도 감행하기 어렵고, 어떻게든 내수시장에서 대안을 찾아야 한다는 뜻이 된다. 성인용 기저귀를 대중화할 방안을 모색하거나 아예 다른 사업으로 확장하거나 등등.

그러나 성인용 기저귀 시장도 그리 녹록지만은 않다. 우리나라의 고령화 특징은 아직까지는 '젊은' 고령자가 많다는 것인데, 태어나면서부터 기저귀가 반드시 필요한 영아들과 달리 고령자들 모두가 기저귀를 필요로 하지는 않는다. 게다가 의료적 도움을 받으면 더욱더 기저귀가 필요 없다.

해외의 인구전망까지 고려했는데 결과가 부정적이니, 헛수고인 걸까? 결코 그렇지 않다. 그 결과가 긍정적이지 않을지언정, 처음부터 성공 가능성이 없었던 방법에 매달리는 진짜 헛수고는 피할 수 있을 테니 말이다. 그리고 나는 국내 기저귀 회사에 사업을 축소하라고 조언하고 싶지 않다. 오히려 국제적인 경쟁력을 키워 해외시장에서 더 성장할 수 있는 길을 모색해야 한다. 진입장벽이 높다고 하지만, 우리나라와 달리 전 세계에서는 지금도 1초에 4명의 아기가 태어나고 있으니 어쨌든 시장은 있는 셈 아닌가.

2부에서 살펴보겠지만, 뾰족한 방법이 보이지 않는 업종도 해외시장을 관찰하다 보면 우리 기술과 노하우로 진출할 수 있는 의외의 기회를 발견할 수 있다. 작아지는 내수시장에서 우리끼리 출혈경쟁을 벌이지 않고, 오히려 시장을 확장할 수 있다는 것이다.

한 번 놓친 타이밍, 남은 기회는 한 번뿐

인구가 기업의 의사결정에 왜, 그리고 얼마나 중요한지는 충분히 설명이 되었을 것이다. 특히 내수밖에 없는 기업에서는 한 나라의 인구변동이 기업의 생존에 결정적인 요소가 된다. 우리나라 대다수의 중소기업이 내수 기반이라는 점을 감안한다면 인구변동에 더욱더 위기의식을 느껴야 한다.

그러나 안타깝게도 우리나라 기업 대부분이 아직까지 인구, 즉 소비시장 전망에 적극적이지 않다. 인구변동이 눈앞의 성과에 별다른 영향을 미치지 않기 때문인 듯하다. 그러나 아는가? 이런 안일한 생각으로 인구변동에 대처할 금쪽같은 기회를 이미 한 번 흘려보냈다는 것을.

한국의 인구변동은 이미 2000년대 초반에 시작되었다. 2002년 들어 출생인구가 갑자기 뚝 떨어졌다. 그런데도 우리 사회에서는 별달리 위기의식을 느끼지 못했다. 1997년에 한국을 덮친 외환위기를 극복하느라 여념이 없었기 때문이다. 기저귀 회사의 매출이 줄어든 것이 나빠진 경기 때문이지, 아이들이 줄어서라고 생각하지는 못했다는 것이다. 당신이 그때 기저귀 회사 사장이었다면 더 저렴한 기저귀를 생산하고자 일부러 품질을 낮추는 의사결정을 했을 수도 있다. 그럴 게 아니라 서서히 생산량 조정에 들어가 저출산 시대에 연착륙했다면 오늘날 갑작스런 대량해고 위험은 피할 수 있었을 텐데, 눈앞의 경기침체에 가려 장기적인 위기를 초래할 인구변동을 감지하지 못한 것이다.

그 후 저출산과 고령화에 따른 문제가 부각되고 시장에 위기가 올 수 있다는 경고음도 들렸지만 여전히 귀담아 듣는 기업은 많지 않았다. 외환위기에서 벗어나면서 전반적인 경제상황이 좋아졌고, 개개인의 삶의 질 또한 높아졌기 때문이다. 이 때문에 기업들은 '저출산 문제가 심각해도 경기에는 큰 영향이 없더라'는 기억을 갖게 되었다. 한 번 스스로의 기억을 되살려보시라. 저출산, 고령화 때문에 당신의 인생에 크게 영향을 받은 게 있었는지. 아마 생각나는 것이 별로 없을 것이다. 기업들도 마찬가지였다.

그러다 늦게나마 기업이 인구문제에 관심을 갖기 시작했다. 그동안 한눈 감고 있어도 괜찮았던 인구문제가 결국 경영성과에 영향을 미치기 시작한 것이다. 게다가 인구문제가 해결될 기미는 좀처럼 보이지 않는다. 10년 넘게 120조 원 이상을 쏟아 부으며 저출산 문제를 해소하려 했지만 번번이 냉소 속에 외면될 뿐이었다. 이런 식으로 가다가는 2031년 이후 전체 인구가 줄어들기 시작할 것이라는 암울한 예측이 통계청에서 나올 정도다.[1] 만일 뚝 떨어진 최근 출산경향을 반영하고, 한국에 실제로 거주하고 있는 내국인들만을 대상으로 한다면 이 시기는 더 앞당겨져 2025년 즈음하여 전체 인구가 줄어들게 된다. 정부가 문제를 해결해주기를 막연히 기다리며 손 놓고 있다가는 기업의 생존을 기대할 수 없는 상황이 되었다. 한 번의 기회를 놓친 한국 산업계에는 말 그대로 한 번의 골든타임이 남아 있을 뿐이다. 정부가 인구문제를 해결해주길 기다릴 것이 아니라, 각 기업이 적극적으로 해당 산업의 정해진 미래에 관심을 갖고 새로운 전략을 세워야 한다.

지금 우리 사회의 이슈는 무척 다양하다. 4차 산업혁명부터 시작해서 기업 쇄신, 최근에는 통일에 대해서도 많이 이야기한다. 이것들의 공통점이 무엇인가? 불확실성이다. 통일이 언제 될까? 모른다. 2018년 남북정상회담과 북미정상회담 소식에 세계가 들썩이고 가수들이 평양에 가서 공연도 했지만, 2018년 초만 해도 한국은 세계에서 전쟁 위험이 가장 높은 나라였다. 정상회담 이후에도 국면이 어떻게 전개될지 글을 쓰는 현재로서는 아무도 장담하지 못한다. 4차 산업혁명도 마찬가지다. 몇 년째 4차 산업혁명을 말하고 블록체인이니 뭐니 말이 많지만 과연 언제 4차 산업혁명이 본격화될지 모호하다. 기업이 어떻게 변화할지 아는 사람은 더 적은 것 같다.

온통 불확실한 것투성이다. 이처럼 불확실한 준거로 미래를 예측할 수 있을까? 올바른 대비를 할 수 있을까? 확실한 뭔가가 필요한데, 그중 하나가 인구라는 것이다. 한 사회 인구의 양적, 질적 특성, 그리고 그 변화를 알면 예측이 가능하다.

2부에서는 현재까지의 인구변동 추이를 토대로 각 산업의 전망을 소개할 것이다. 짐작하겠지만 그 모습이 마냥 밝지는 않을 것이다. 그러나 그것은 어디까지나 현재 상태에서 정해진 미래일 뿐이다. 또한 정해진 것은 소비시장의 변화이자 전체적인 산업의 동향이지 개별 기업의 미래가 아니다. 미래의 시장구조를 이해하고 적절한 전략을 세운다면 생존을 넘어 도약의 발판을 마련할 수도 있다. 정해진 인구변화를 두려워할 것인지 기회로 삼을 것인지에 따라 전혀 다른 미래가 열릴 것이다.

소비의

관성을 읽으면

미래시장이 보인다

    우리는 인생을 살면서 정말 많은 선택의 기로에 선다. 학생 때는 어느 고등학교에 진학할지부터 어느 대학의 어느 전공을 선택할지, 어느 회사에 취업할지 고민한다. 그때마다 어떻게든 결론을 내는데, 과연 그 판단의 기준은 무엇일까?

    이런 질문을 던지면 대부분 대답 없이 멍하니 있지만, 속으로는 생각할 것이(라 믿는)다. 그때 나는 어떤 선택을 했지? 왜 했지? 그 결과는? 후회는 없나?

    이 질문은 미래의 선택기준으로도 이어진다. 어떤 기준으로 판단해야 내 미래가 좀 더 좋아질까?

    살아가면서 우리가 내린 판단의 기준은 때로는 부모님이었고, 때로는 당시 친구였으며, 아니면 지금 좋아 보이는 것들이다. 그런데 이것들이 10년 안에 바뀌어버린다면? 지금 좋아 보였던 것이 10년 후에는 더 이상 좋지 않게 된다면? 내 판단의 조건은 무엇이 되어야 할까? 오늘 핫한 걸 선택해야 하는가, 내일 뜰 것을 선택해야 하는가?

이렇게 물으면 답이 뻔한 질문을 하는 것 같다. 당연히 내일 뜰 것을 선택해야 한다. 그러나 이상하게도 우리 선택은 대부분 그렇지 않다. 요즘 로스쿨이 좋아 보이니 로스쿨에 유리한 전공을 택하고, 4차 산업혁명이 핫하니 그러한 전공을 택하는 이들이 많다. 법조인이 되고 기술혁명의 흐름에 동참하는 것 모두 의미 있는 결정이다. 그러나 만약 이 선택이 순전히 '오늘 핫하기' 때문이라면, 썩 좋은 선택은 아니라고 말하고 싶다.

같은 사회, 다른 시장

왜 그런지 다음 도표를 보자. 이 3가지 인구 피라미드가 가리키는 사회는 같은 사회일까, 다른 사회일까? 백이면 백, 다른 사회라고 대답한다. 맞다. 첫 번째는 스웨덴이고 두 번째는 한국, 세 번째는 베트남의 2018년 인구 피라미드다.

이렇게 다른 사회에서 똑같은 사업을 도모하는 게 현명할까? 아니다. 같은 사업 아이템이라도 소비시장이 다르면 결과는 달라질 것이다.

0.0% 0.0%
0.1% 0.2%
0.3% 0.5%
0.6% 1.0%
1.1% 1.4%
1.8% 2.0%
2.8% 2.9%
2.8% 2.9%
2.8% 2.8%
3.0% 2.9%
3.4% 3.3%
3.4% 3.3%
3.1% 3.0%
3.1% 3.0%
3.3% 3.2%
3.7% 3.5%
3.1% 2.9%
2.6% 2.5%
2.9% 2.8%
3.1% 2.9%
3.1% 2.9%

2018년 스웨덴 남자 여자

0.0% 0.0%
0.0% 0.1%
0.1% 0.3%
0.3% 0.7%
0.7% 1.3%
1.2% 1.7%
1.7% 2.0%
2.2% 2.4%
3.2% 3.4%
3.9% 4.0%
4.1% 4.1%
4.2% 4.1%
4.0% 3.9%
3.8% 3.7%
3.5% 3.2%
3.6% 3.2%
3.6% 3.2%
2.8% 2.6%
2.3% 2.2%
2.3% 2.2%
2.3% 2.2%

2018년 한국 남자 여자

0.0% 0.0%
0.0% 0.1%
0.1% 0.2%
0.2% 0.5%
0.3% 0.6%
0.4% 0.7%
0.6% 0.9%
1.2% 1.5%
1.9% 2.2%
2.5% 2.7%
2.9% 3.0%
3.3% 3.3%
3.5% 3.6%
3.9% 3.9%
4.4% 4.3%
4.7% 4.6%
4.1% 3.9%
3.5% 3.3%
3.7% 3.4%
4.1% 3.7%
4.2% 3.8%

2018년 베트남 남자 여자

〈도표 4〉 스웨덴, 한국, 베트남 인구 피라미드 (2018)

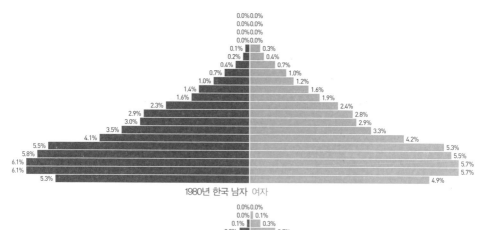

0.0% 0.0%
0.0% 0.0%
0.0% 0.0%
0.0% 0.0%
0.1% 0.3%
0.2% 0.4%
0.4% 0.7%
0.7% 1.0%
1.0% 1.2%
1.4% 1.6%
1.6% 1.9%
2.3% 2.4%
2.9% 2.8%
3.0% 2.9%
3.5% 3.3%
4.1% 4.2%
5.5% 5.3%
5.8% 5.5%
6.1% 5.7%
6.1% 5.7%
5.3% 4.9%

1980년 한국 남자 여자

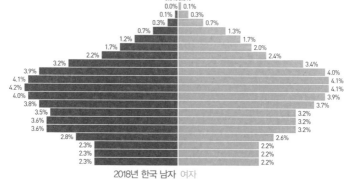

0.0% 0.0%
0.0% 0.1%
0.1% 0.3%
0.3% 0.7%
0.7% 1.3%
1.2% 1.7%
1.7% 2.0%
2.2% 2.4%
3.2% 3.4%
3.9% 4.0%
4.1% 4.1%
4.2% 4.1%
4.0% 3.9%
3.8% 3.7%
3.5% 3.2%
3.6% 3.2%
3.6% 3.2%
2.8% 2.6%
2.3% 2.2%
2.3% 2.2%
2.3% 2.2%

2018년 한국 남자 여자

0.0% 0.0%
0.0% 0.2%
0.2% 0.6%
0.6% 1.1%
1.2% 1.7%
1.9% 2.4%
3.0% 3.4%
3.6% 3.8%
3.8% 3.9%
3.9% 3.9%
3.6% 3.6%
3.6% 3.5%
3.3% 3.0%
3.6% 3.2%
3.3% 3.1%
2.5% 2.4%
2.3% 2.2%
2.3% 2.1%
2.3% 2.1%
2.3% 2.1%
2.3% 2.1%

2030년 한국 남자 여자

〈도표 5〉 1980, 2018, 2030년 한국의 인구 피라미드

그렇다면 이번에는 〈도표 5〉를 보자. 이 셋은 같은 사회일까, 다른 사회일까? 역시 다른 사회처럼 보인다. 그러나 모두 한국사회다. 첫 번째는 1980년, 두 번째는 2018년, 세 번째는 다가올 2030년 한국의 인구 피라미드다. 이 3개의 한국은 스웨덴과 베트남만큼이나 다르다. 당연히 각각의 사회마다 잘나가는 시장도 다르다.

그런데도 우리는 2030년을 계획하면서 2018년을 기준으로 삼고 의사결정한다.

서로 다른 사회에는 동일한 판단기준을 적용할 수 없다. 스웨덴과 한국과 베트남이 똑같이 2018년을 살더라도 서로 다른 사회이므로 다른 판단기준을 적용해야 하듯이, 같은 한국이라도 과거와 현재와 미래에는 서로 다른 판단기준을 적용해야 한다.

구체적으로 살펴보자. 만약 당신이 사업가라면 각각의 한국사회에서 어떤 사업을 하는 게 유리할까? 1980년의 한국과 2018년의 한국, 2030년의 한국에서 사업할 경우를 생각해보자.

1980년 한국이라면 어떤 사업을 하고 싶은가? 1980년대에는 한국 경제가 성장하는 시기여서 많은 것들이 떴다. 중공업도 떴고, 증권도 떴다. 또한 10대를 대상으로 하는 제품들도 떴다. 마이마이 미니카세트 같은 것, 기억나는가? 베이비부머인 1960~70년대생이 열광한 제품이다. 이들은 사춘기 시절 카세트라디오를 끼고 살며 열심히 음악을 들었다. 라디오에서 나오는 노래는 대개 팝송이었다. 특별한 이유가 있었던 건 아니고, 1970년대까지는 10대들이 들을 만한 국내 가요가 별로 없었기 때문이다. 그러다 1980년대부터 한국 가수가 많아졌는데, 그 이유도 알고 보면 단순하다. 음악을 할 젊은 인구가 많아졌기 때문이다. 베이비부머 세대가 성장하면서 음악뿐 아니라 모든 영역에서 인재들의 활약이 두드러졌다. 그 전에는 올림픽에서 메달을 많이 못 따다가 1988년 서울올림픽부터 엄청나게 따기 시작했다. 자국 개최라는 이점에 경제가 좋아진 덕도 있지만, 이 또한 궁극적으로는 운동선수가 늘어나서다. 이 세대의 인구가 많으니 개중에는 유난히 키가 큰 사람도 나오고 운동 신경 좋은 사람도 예전보다 더 많아진 것이다.

이후 1990년대에는 베이비부머들이 20~30대가 된다. 이때 뜬 것이 소형 자동차다. 프라이드나 티코 같은 작은 자동차가 불티나게 팔렸다. 그러다 30~40대가 되면 더 이상 소형차에 만족하지 못하고 중형차를 원하게 된다. 그뿐인가, 중형차에 걸맞게 좀 더 큰 집으로 옮기고자 한다. 대단할 것도 없는 당연한 귀결이다. 베이비부머 세대가 30~40대를 맞은 2000년대 들어 우리나라 자동차 산업이 본격적으로 뜨고 부동산 가격은 더 떴다.

여기까지는 과거다. 그렇다면 지금 당신은 어떤 산업에 뛰어들겠는가? 인구는 규모의 경제 효과를 일으키니, 시장이 크면 일단 승산이 있다. 지금 젊은이들이 음악을 많이 듣고 케이팝 열기도 뜨거워서 음악 시장이 큰 것 같지만, 내수로만 따지면 1980~90년대에 댈 게 아니다. 그때에는 한국에서만 음반이 100만 장씩 팔렸다. 이렇게 생각해보면 최근 아이돌 그룹이 앨범에 리메이크 곡을 넣는 이유도 이해가 된다. 10대 인구만으로는 수지타산이 맞지 않으니 기성세대가 사도록 그 시절 그 노래를 불러서 함께 파는 것 아닐까? 10~20대가 주요 소비자인 음악 시장조차 중년 베이비부머를 의식해야 할 만큼 '규모'의 힘은 엄청나다.

이처럼 인구가 큰 집단을 따라 산업이 움직인다면 2030년, 당신은 어떤 산업을 해야 하겠는가? 뭐가 뜬다고 장담할 수는 없다. 나도 정확히는 모른다. 그러나 2030년의 한국사회 인구구조와 비슷한 사회를 준거로 삼으면 성공률이 조금은 더 높아질 것이다.

이번에는 시야를 지리적으로 확장해보자. 당신이 베트남에 이민을 간다면 그곳에서 어떤 사업을 해야 할까?

앞에서 소개한 인구 피라미드 중 오늘날의 베트남 인구 피라미드와 가장 비슷한 것을 찾아보면 1980년 한국이다. 물론 전체 규모는 베트남이 훨씬 크고 유소년층 인구 비율에서도 차이가 있지만 전체 모양은 가장 비슷하다. 그렇다면 1980년대에 한국에서 떴던 산업이 지금 베트남에서도 괜찮을 것 같지 않은가? 더욱이 이 두 사회는 평균 학업기간 등 인구의 질적 성장 면에서도 비슷한 패턴을 보인다. 〈도표 6〉을 보면 1975~85년의 우리나라 교육 수준 상승 속도와 최근 2002~15년 사이의 베트남 교육 수준 상승 속도가 비슷하다는 것을 알 수 있다. 그렇다면 우리 사회가 당시 경험했던 것을 오늘날 베트남에 적용해도 통할 것이라는 추론이 가능

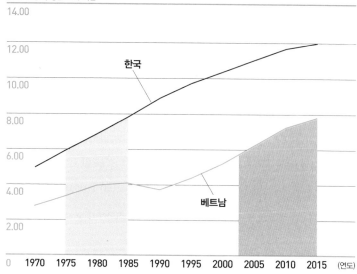

(25세 이상의) 평균 교육 기간

14.00

12.00

한국

10.00

8.00

6.00

4.00

베트남

2.00

0 1970 1975 1980 1985 1990 1995 2000 2005 2010 2015 (연도)

〈도표 6〉 한국 교육 수준 추이 vs 베트남 교육 수준 추이
(출처 : World Bank(1970~2010) / UNDP(2015))

하다. 물론 1980년대는 과거이므로 그때의 기술 그대로 지금의 베트남에 적용할 수는 없겠지만, 참고용으로는 충분히 유용하다.

자, 지금까지는 응용문제였다. 이제는 실전문제다. 2030년에 나는 한국사회에서 어떤 사업을 해야 할까? 아이는 점점 줄고 노인은 많아지니 고령자에게 맞춘 서비스를 개발해야 하나? 아동을 대상으로 한 사업을 하고 있다면 점진적 철수를 준비해야 하나? 아니면 우리 제품을 윗세대도 사용할 수 있도록 제품군을 확장해야 하나? 어떤 사업을 하든 일단 20~30대 인구가 적으니 인력관리 면에서는 비상일 게 분명하다. 이런 것들을 미리미리 준비해야 한다. 개인이든 기업이든, 우리의 주무대가 될 사회를 예측하고, 그 사회를 판단기준으로 삼아야 한다.

같은 30대, 다른 소비자

시장을 판단할 때 미래를 기준으로 하라는 것은 단순히 인구 피라미드 모양이 어떻게 바뀔지를 파악하라는 것만이 아니다. 양적인 면은 물론이요, 미래 소비자의 질적 특성이 어떻게 바뀔지 알아야 한다.

여기 의류회사 마케터가 있다. 30대 남성의류 담당이다. 인구변화가 30대 남성의류 시장에 미칠 영향을 알고 싶었던 그는 단편적인 신문기사 말고 좀 더 깊이 있는 자료를 얻고자 통계청 사이트에 들어가 봤다. 그 결과 지난 20년간 30대 남성인구가 1998년 약 436만 명에서 2017년 393만 명 수준으로 변화해왔다는 것을 알게 되었다. 현재 20대 남성인구가 367만 명 정도이니, 10년 후 30대 남성의류의 시장규모는 6.3%가량 줄어들 것으로 전망된다.

시장조사를 위해 인구통계자료를 찾아볼 정도면 대단히 열성적인 인재임에 분명하다. 그러나 안타깝게도 이러한 추계만으로는 그가 원하는 답을 얻기 어렵다.

그 이유는, 10년 전의 30대 남성과 지금의 30대 남성은 결코 같

지 않기 때문이다. 같은 한국사회라도 시대마다 소비시장이 다르
듯, 같은 30대라도 시대마다 특성이 다르다.

좀 더 구체적으로 살펴보자. 2015년 인구센서스 발표가 난 후
가장 주목받은 내용은 합계출산율이나 인구절벽이 아니었다. 기
억하는 분도 있을 듯한데, 언론사가 일제히 뽑은 키워드는 '1인
가구'였다. 2000년 조사 때만 해도 우리나라 대세 가구원은 '4인'
이었는데, 15년 만에 1인 가구가 대세가 되었던 것이다. 당시 전
국적으로 가구주가 35~39세인 가구의 23.3%가 혼자 사는 집으
로 집계되었다. 2인 가구는 16.5%였다.

2015년 이 연령대가 가구주인 경우 평균 가구원 수는 1.8명이
었다. 불과 10년 전인 2005년만 해도 2.1명이었는데 말이다(〈도표
7〉 참조). 가계동향 등 개인이 아닌 '가구' 단위의 조사를 할 때는
편의상 가구주의 연령을 기준으로 분류한다. 한국사회의 관습상
가구주는 대체로 남성이니, 당시 독립한 39세 이하 남성들은 대부
분 결혼했다는 뜻이 된다. 10년을 더 거슬러 올라 1995년에는 39

가구주 연령	1995년	2005년	2015년
60세 이상	2.9명	2.2명	2.1명
50~59세	3.8명	3.0명	2.7명
40~49세	4.1명	3.4명	3.1명
39세 이하	3.7명	2.1명	1.8명

〈도표 7〉 가구주 연령별 평균 가구원 수 (출처 : 통계청 KOSIS, 인구주택총조사)

세 이하 가구에는 평균 3.7명이 살았다. 그때만 해도 한국 남자들은 마흔 살이 되기 전에 웬만하면 다 결혼해서 자녀를 두 명씩 두었다는 뜻이다.

두 아이의 아빠인 1995년의 30대 남성과, 딩크족으로 살고 있는 2005년의 30대 남성과, 나 혼자 사는 2015년의 30대 남성, 이 3명을 '30대 남성'이라는 같은 속성으로 묶을 수 있을까? 더욱이 지금의 20대는 30대와는 또 다를 것이다. 이들이 10년 후 30대가 되었을 때, 지금의 30대처럼 생각하고 소비할까? 과연?

10년 전과 지금의 인구를 단순 비교하는 식으로는 미래를 예측하기 어렵다. 인구집단의 변화된 특성까지 염두에 두어야 인구학적 사고가 가능하다.

소비의 관성을 관찰하라

지금까지의 이야기를 정리해보자. 어떻게 미래를 준비해야 하는가 하면, 판단의 기준을 미래에 놓고, 인구변동에 관심을 갖는 것이다. 단, 숫자 자체에 매몰되지 않고 전체 '맥락'을 보아야 한다. 그 안에서 움직이는 소비자들의 속성을 파악해야 한다.

맥락을 읽고 인구집단의 특성 변화까지 이해하라니 엄청난 통찰력이 있어야 가능할 것 같다. 이렇게 느낄 분들을 위해 인구변화의 맥락을 읽는 간단하고도 유용한 방법을 소개하겠다.

〈도표 8〉을 보자. 인구변화 양상을 보여주는 그래프다. 여느 그래프와 마찬가지로 가로 세로축이 있다. 가로축은 연도와 같은 특정 시간time 혹은 시점period을, 세로축은 연령age을 나타낸다.

그런데 또 하나, 대각선이 보인다.

흔히 사회를 관찰할 때 가로축period으로 끊어서 각 시기의 특성을 보거나, 세로축age으로 끊어서 세대별 특성을 보곤 한다. 트렌드 분석은 전자에 가까울 테고, 세대갈등을 분석할 때에는 후자를 적용할 것이다. 그러나 인구학적 사고를 위해서는 연령과 시기를 동시에 고려해야 한다. 즉 특정 연도의 특정 연령대가 시간이 지남에 따라 어떻게 변화하는지 볼 수 있는 생애 관점life time이 필요하다는 것. 인구의 동태적 측면을 파악해야 소비시장이 어떻게 달라지는지를 정확히 알 수 있다.

이러한 변화를 시각적으로 가장 잘 살필 수 있는 것이 렉시스 다이어그램Lexis diagram이다. 〈도표 8〉에서 연령과 기간을 동시에 고려한 대각선의 변화를 보는 것이다. 이 대각선은 코호트cohort, 즉 특정 기간의 특정한 경험을 공유하는 인구집단의 변화양상을 추적한다. 시장변화가 일어나는 것은 단순히 출생, 사망, 이동의 변화 때문만이 아니다. 코호트마다 소비 패턴이 다르기 때문이다. 특정 시기에 태어난 코호트들은 저마다 나름의 경험과 사고방식을 공유한다. 이것은 그들의 일생에 영향을 미치고, 당연히 소비 패턴에도 영향을 미친다.

예컨대 우리나라에서 오락·문화비, 음식·숙박비 등 외부 활동과 관련 있는 지출은 나이 듦에 따라 점차 감소하는 것이 일반적이다. 그러나 이는 어디까지나 '일반론'이다. 2020년의 고령인구는 2015년이나 2005년 그리고 1995년의 고령인구와는 다른 소비성향을 보일 수도 있지 않을까?

　2005년 혹은 2015년의 고령인구가 한창 현역에서 일했을 1995년에는 어떤 소비를 했고, 나이 들어가면서 소비 패턴이 어떻게

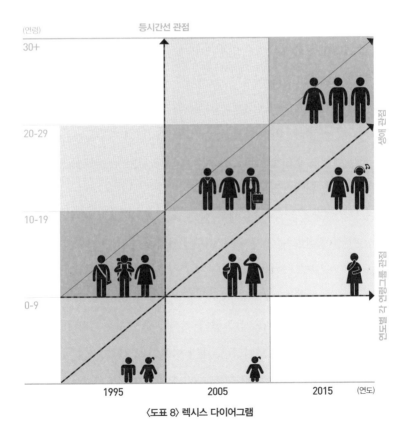

〈도표 8〉 렉시스 다이어그램

달라졌는지 추이를 보면 그들 나름의 소비 특성이 드러날 것이다. 이를 토대로 앞으로 그들이 어디에 주로 돈을 쓸지 예측할 수 있다. 똑같은 방식으로 현재 60대 초반 인구가 과거로부터 지금까지 어떤 소비 패턴을 그려왔는지 살펴보면 2020년 고령층에 진입한 이후 어떤 소비활동을 할지 예측할 수 있을 것이다.

렉시스 다이어그램은 이러한 생존인구의 변화를 표현한 것이다. 다이어그램에서 각 개인은 출생에서 시작해 사망점으로 끝나는 하나의 생명선으로 표현된다. 이로써 특정 연도의 여러 연령을 비교 관찰할 수 있는 시점인 등시간선 관점(세로축 중심)과, 각 연령을 시대별로 비교 관찰할 수 있음(가로축 중심)은 물론, 특정 세대를 생애에 걸쳐 관찰(대각선 중심)하는 것도 가능하다.

30대 남성의류의 미래예측을 하려면 10년 전과 지금의 30대하고만 비교해서는 안 된다. 지금의 20대나 40대와 비교하는 데 그쳐서도 안 된다. 그래프의 가로축과 세로축 그리고 대각선을 보는 3가지 관점을 모두 활용해야 한다. 지금의 20대를 보며, 그들이 10년 후에 어떤 30대가 될지 보아야 한다는 것이다.

예컨대 이런 것이다. 누구나 그렇듯 나도 유학시절 초기에는 음식이 낯설어서 고생을 많이 했다. 하다못해 케첩이나 마요네즈를 사려고 해도 하인즈뿐이었다. 내가 아는 케첩, 내가 아는 그 맛이 아니었다. 손쉽게 해먹을 수 있는 카레나 참치캔도 미국 식료품가게 제품들은 입에 안 맞았다. 그래서 결국 한인타운에 있는 한국 식료품점에서 한국 제품을 사먹었다.

세월이 흘러 요즘에는 한국에도 하인즈 제품이 들어온다. 하인즈 제품을 더 좋아하는 이들도 있을 것이다. 하지만 대다수의 중장년층 입맛에는 여전히 전통의 한국 브랜드 제품이 익숙할 터다. 입맛은 쉽게 바뀌지 않기 때문이다. 약간의 변화는 있겠지만, 기본적으로 어려서부터 즐겨 먹었던 것은 나이 들어서도 좋아할 가능성이 크다.

개인적인 취향을 드러내서 미안하지만, 나는 멜론 맛 나는 그 아이스바를 좋아한다. 내가 대학생이던 시절에 출시되었는데, 처음 맛보았을 때의 신선한 느낌을 아직도 기억하고 있다. 그래서 지금도 가끔 그 아이스바를 먹는다. 나뿐 아니라 내 또래 중에 비슷한 추억을 가진 이들을 많이 본다. 우리 세대가 지금 그 아이스바를 먹는 이유는 '그때 먹었던 그 아이스바'이기 때문이다. 베이비부머 세대의 입맛을 사로잡았으니 이것만으로도 그 아이스바의 시장성은 한동안 나쁘지 않을 것이다.

이런 이유 때문인지 최근 중장년층의 향수를 자극하는 마케팅으로 재기에 성공한 제품이 적지 않은 듯하다. 흔히 '뚱바'라 불리는, 바나나맛 나는 우유는 여전히 잘 팔리는 제품이다. 그런데 마트 진열대에서 뚱바를 보고 좋아하는 이들은 아이가 아니라 부모들이다. 40~50대에게는 어릴 적 기차 여행할 때나 맛볼 수 있었던 귀한(?) 간식이었기 때문에 지금도 '아, 그 우유'라며 반가워한다. 오죽하면 술 마시고 집 앞 편의점에서 마시는 우유도 이거다. 먹거리뿐인가. TV를 켜면 왕년의 스타들이 그때 그 노래를 부르며 기성세대의 열렬한 호응 속에 제2의 전성기를 구가하기도 한다.

이처럼 생애경험이 강하게 영향을 미치는 제품들의 미래수요를 예측할 때에는 그래프의 가로축을 보면서 트렌드 분석을 하거나, 세로축을 보면서 연령 비교를 하기보다는 대각선, 즉 과거로부터 누적된 코호트를 보는 것이 효과적이다. 기존의 취향을 바꾸지 않는 고객을 따라가면서 그들의 크기나 특성이 어떻게 변화할지 살피고, 그들을 계속 고객으로 묶어둘 방법을 고민해야 한다. 멜론 맛 아이스바를 아이들에게만 팔 것이 아니라 나 같은 아저씨에게도 마케팅해야 한다는 것이다.

'하지만 세월 따라 취향도 바뀌지 않는가?' 라고 반문할지도 모르겠다. 맞다. 그런 품목도 있다. 나이 들어도 바뀌지 않는 취향이 있는가 하면 바뀌는 취향도 있다. 거칠게 단순화하면 돈을 많이 지불해야 하는 제품/서비스에는 연령 효과가 개입된다. 대표적인 예가 집과 자동차다. 운전면허를 따고 서른 안팎에 처음으로 구매한 '마이카'는 국산 소형차일 가능성이 크다. 하지만 젊어서 소형차를 탔다고 40대에도 그 브랜드를 탈까? 천만의 말씀이다. 자동차뿐 아니라 온갖 '부의 상징'으로 꼽히는 것들은 나이 따라, 소득수준에 따라 부침을 보인다. 반면 상대적으로 고가가 아닌 재화라면 기존의 고객층을 유심히 추적할 필요가 있다.

더러는 이 과정에서 기존 고객뿐 아니라 신규 고객층을 발견하기도 한다. 이를테면, 기존 고객의 취향을 물려받는 자녀세대다. 냉장고에 통 아이스크림이 있으면 괜히 뿌듯하던 시절이 있었다. 지금의 50대 분들은 기억하실 거다. 만약 그들이 (나의 멜론 맛 아이스바처럼) 통 아이스크림을 냉장고에 계속 채워뒀다면, 그 입맛은 자녀들에게 전해졌을 가능성이 크다. 이 가설대로라면 통 아이스크림을 만드는 회사는 지금의 50대와 20대를 좀 더 밀착 공략할 필요가 있다.

렉시스 다이어그램+가계동향조사=소비의 미래

기업 자문을 할 때 인구학적 사고를 강조하면서 렉시스 다이어그램을 보여주면 '아, 이런 게 있구나' 한다. 그러고는 끝이다. 섭섭하다. 큰맘 먹고 정말 중요한 걸 알려줬는데 알아주지 않는 느낌이랄까. 렉시스 다이어그램만 잘 보아도 기업이 그토록 원하는 소비 패턴 예측이 가능한데 말이다. 여기에 한 가지가 더해지면 예측은 더욱 강력해진다. 바로 '가계동향조사'다.

통계청에서는 정기적으로 가계의 지출을 분석한다. '소득 대비 각 항목 소비액'으로 나타낸 비율들의 가중평균값으로, 쉽게 말해 월급이든 임대수익이든 우리 집에 들어오는 돈을 어디에 쓰는지 분석하는 것이다. 지출항목에 따라 식료품·비주류음료비, 보건비, 교통비, 주거·수도·광열비, 음식·숙박비 등 12항목으로 분류된다. 똑같이 먹는 행위라도 집에서 만들어 먹는 재료비는 식료품비이고, 나가서 사먹는 비용은 음식·숙박비 항목에 들어간다. 마지막 열두 번째 항목은 '기타'로, 미용이나 사보험 등이 해당된다. 한마디로 순전히 개인을 위해 쓰는 돈이다.

한번 생각해보자. '우리 집은 어느 항목에 돈을 가장 많이 쓰지?' 평소에 가계부를 성실히 쓰는 분들은 단박에 대답할 수 있을 텐데, 통계청에서 조사한 결과를 보면 〈도표 9〉와 같다. 1996년, 2006년, 2016년 가계동향조사 결과를 렉시스 다이어그램에 대입한 것으로, 세로축은 가구주의 연령대를 가리킨다. 항목별 지출액은 각 연도의 분기별 평균 지출 금액으로 산출했다.

앞서 설명한 대로 이 표로 파악할 수 있는 소비변화는 총 3가지다. 가로축과 세로축, 대각선. 각 연도별로, 연령별로 순위가 다 다르다. 어떻게 다른지, 그것으로 어떤 시사점을 찾을 수 있는지 하나씩 살펴보자.

먼저 세로축을 보자.

표의 세로축을 중심으로 보면 등시간선isochrone observation 연령 간 비교가 가능하다. 시대별로 각 연령군이 어떤 소비 패턴을 보이는지 비교하기에 적합하다.

1996년을 예로 들어보자. 전 연령대의 1위 소비항목은 식료품비다. 이때까지만 해도 대부분의 사람들이 집에서 밥해먹고 살았

	1996년	2006년	2016년
60세 이상	1. 식료품및비주류음료 256,941원 (23.4%) 2. 음식·숙박 127,307원 (11.6%) 3. 주거및수도광열 110,418원 (10.1%) 4. 기타상품및서비스 109,129원 (10.0%) 5. 의류및신발 96,640원 (8.8%) 6. 교통 95,993원 (8.8%)	1. 식료품및비주류음료 222,967원 (21.0%) 2. 주거및수도광열 151,275원 (14.2%) 3. 보건 129,453원 (12.2%) 4. 음식·숙박 110,238원 (10.4%) 5. 교통 107,142원 (10.1%) 6. 기타상품및서비스 90,814원 (8.5%)	1. 식료품및비주류음료 255,780원 (20.0%) 2. 주거및수도광열 214,386원 (16.7%) 3. 보건 150,683원 (11.8%) 4. 음식·숙박 141,094원 (11.0%) 5. 교통 121,392원 (9.5%) 6. 기타상품및서비스 105,013원 (8.2%)
50대	1. 식료품및비주류음료 279,208원 (19.2%) 2. 음식·숙박 188,608원 (13.0%) 3. 교통 174,317원 (12.0%) 4. 기타상품및서비스 141,987원 (9.8%) 5. 교육 135,100원 (9.3%) 6. 의류및신발 132,606원 (9.1%)	1. 식료품및비주류음료 266,149원 (14.4%) 2. 음식·숙박 260,107원 (14.1%) 3. 교통 245,592원 (13.3%) 4. 기타상품및서비스 186,996원 (10.1%) 5. 주거및수도광열 179,884원 (9.8%) 6. 교육 143,996원 (7.8%)	1. 음식·숙박 351,347원 (14.1%) 2. 교통 332,506원 (13.4%) 3. 식료품및비주류음료 324,081원 (13.0%) 4. 주거및수도광열 271,992원 (10.9%) 5. 기타상품및서비스 229,724원 (9.2%) 6. 교육 219,088원 (8.8%)
40대	1. 식료품및비주류음료 279,377원 (19.8%) 2. 교육 229,176원 (16.3%) 3. 교통 144,385원 (10.2%) 4. 음식·숙박 140,765원 (10.0%) 5. 주거및수도광열 123,856원 (8.8%) 6. 의류및신발 120,723원 (8.6%)	1. 교육 358,384원 (16.8%) 2. 음식·숙박 291,191원 (13.6%) 3. 식료품및비주류음료 277,554원 (13.0%) 4. 교통 253,582원 (11.9%) 5. 주거및수도광열 203,759원 (9.5%) 6. 기타상품및서비스 158,923원 (7.4%)	1. 교육 501,224원 (17.1%) 2. 음식·숙박 397,297원 (13.6%) 3. 식료품및비주류음료 359,803원 (12.3%) 4. 교통 320,905원 (11.0%) 5. 주거및수도광열 276,968원 (9.5%) 6. 기타상품및서비스 231,812원 (7.9%)
30대	1. 식료품및비주류음료 238,281원 (20.0%) 2. 음식·숙박 139,714원 (11.8%) 3. 교통 138,106원 (11.6%) 4. 주거및수도광열 111,530원 (9.4%) 5. 교육 109,174원 (9.2%) 6. 의류및신발 101,666원 (8.6%)	1. 음식·숙박 261,333원 (14.0%) 2. 교통 253,826원 (13.6%) 3. 식료품및비주류음료 243,321원 (13.0%) 4. 주거및수도광열 190,892원 (10.2%) 5. 기타상품및서비스 189,330원 (10.1%) 6. 교육 176,742원 (9.4%)	1. 음식·숙박 344,835원 (14.3%) 2. 교통 325,466원 (13.5%) 3. 식료품및비주류음료 293,241원 (12.1%) 4. 주거및수도광열 279,931원 (11.6%) 5. 기타상품및서비스 229,022원 (9.5%) 6. 교육 177,171원 (7.3%)

〈도표 9〉 가계동향조사 결과를 활용한 연령별 소비 형태 변화 (렉시스 다이어그램)

다는 뜻이다. 특히 60세 이상의 경우 식료품비의 비중이 23%를 넘는다. 다만 금액 자체는 40대 가구주 가정보다는 낮다. 전체 소득이 상대적으로 적다는 뜻이다.

1위 항목을 제외하고 나면 각 연령대의 특색이 나타난다. 40대 가정에서는 교육 관련 소비가 두드러지는 반면 교육비 부담이 줄어드는 50대에는 음식·숙박비 비중이 높다. 자녀를 어느 정도 키운 다음 외부에서 여가를 즐기는 활동이 증가한다는 의미다.

이번에는 2006년을 보자. 60대는 여전히 식료품, 50대도 식료품이 1등이다. 그런데 40대는 교육이 1등이고, 2등은 음식·숙박이다. 식료품비는 3위로 내려왔다. 그러니까 2006년에 이미 40대는 나가서 사먹고 있었다는 것이다. 30대도 마찬가지다.

60대에서는 주거·수도·광열비가 2등으로 올라섰다. 집에 머무는 시간 자체가 길어지고 여전히 집밥을 드시기 때문일 거라 유추할 수도 있지만, 그건 과거에도 그렇지 않았나. 이 변화에는 약간 서글픈 이유가 있다. 가처분소득은 줄어든 반면 집을 유지하는 데 드는 비용은 고정적이어서 줄일 수 없으므로 상대적 비중이 높아진 것이다.

2016년의 30대 가정에서 교통비가 2등인 것도 비슷한 이유다. 40대도 사회활동을 왕성히 하므로 교통비가 많이 들 텐데 유독 30대에서 도드라지는 이유는, 30대의 가처분소득이 적어서다. 그래서 상대적으로 교통비 비중이 늘었는데, 그 와중에 멀리 살게되었다. 서울은 집값이 비싸서 외곽지역에 집을 얻다 보니 직장과

멀어져서 교통비 비중이 높아진 것이다.

다음으로 가로축을 보자.

똑같은 표이지만 다른 방향으로 보면 또 새로운 시사점이 읽힌다. 앞에서도 조금 설명하긴 했지만, 시기에 따라 같은 연령군의 소비 패턴이 어떻게 달라지는지 살펴보자. 단, 시기별로 GDP나 물가 등의 차이가 있기에 여기서는 지출비중만 놓고 비교해보겠다.

가장 먼저 눈에 띄는 변화는 같은 연령군이라도 시기별로 1등이 달라진다는 것이다. 30대 가구에서는 식료품비의 비중이 점점 줄어든다는 것을 알 수 있다. 대신 음식·숙박 등 외부에서 식사를 해결하는 비율이 높아졌다. 그리고 또 하나, 30대 가구의 교육비 비중도 점점 낮아지는 추세다. 왜 그렇겠는가? 맞다, 결혼을 늦게 하거나 아예 안 하거나 해도 안 낳아서다. 과거에는 30대면 대부분 큰아이가 초등학생이었는데, 지금은 자녀 없는 가구가 흔하다. 현재 가구주 연령이 39세 이하인 가구 중 41%가 1~2인 가구다. 절반 가까이가 혼자 또는 부부만 사는 것이다. 2005년만 해도 3~4인 가구가 대다수였는데 10년 만에 뒤집어진 것이다. 앞으로 출산율 감소 추세가 지속될 것으로 예상되는 만큼 39세 이하 가구에서 교육비가 차지하는 비중은 계속 줄어들 것으로 예상된다.

교육비 자리를 차지한 것은 '기타' 항목이다. 앞에서 말했듯이 기타 항목은 자기 자신을 위해 쓰는 돈이다. 즉 자녀를 위해 희생하는 대신 자신을 보살피는 데 돈을 쓰는 세태변화를 단적으로 보여준다. 30대 1인 가구는 기타 비용을 비롯해 오락·문화비의 비중도 상대적으로 높은 것으로 나타났다.

물론 이는 자녀가 없는 가구의 경우다. 자녀가 있는 집은 여전히 자녀에게 많이 투자한다. 이는 40대 소비성향에서 극명하게 나타난다. 40대의 지출항목 1위는 단연 교육비다. 1996년까지 1위를 했던 식료품비는 점차 비중이 줄어드는 반면 교육비는 비중도 클뿐더러 절대적인 금액도 월등히 늘었다. 입시경쟁이 과열되면서 사교육 참여율 자체가 높아져 중고등학생뿐 아니라 모든 자녀의 사교육비 부담이 커지고 있다. 아무리 출산을 미룬다 해도 아이를 키우기로 했다면 40대에는 부모가 되어 있을 테니, 30대에 없었던 교육비 부담이 고스란히 40대로 넘어가는 것이다.

다만 40대에도 변화가 감지된다. 가구주가 40대인 1인 가구가 2005년에는 10.9%였는데 2015년에는 18.7%로 크게 늘었다. 자녀가 없는 이들 40대의 소비 패턴은 또래의 학부모 40대보다는 자녀가 없는 30대와 유사하다. 이처럼 같은 30~40대라 해도 자녀가 있는지 여부에 따라 소비성향이 전혀 달라진다는 점을 염두에 둔다면 앞으로의 변화를 예측하는 데 도움이 될 것이다.

그다음 50대를 보자. 50대에는 식료품비가 음식·숙박비로 점차 대체되는 모양새를 보인다. 이와 함께 교통비 비중도 점차 높아지고 있다. 최근 자동차 가격이 높아진 데에도 이유가 있겠지만, 과거에는 자동차를 현찰로 구매했는데 지금은 더 비싼 고급차를 할부로 구매하면서 매달 지불해야 하는 교통비가 높아지게 되었다.

특히 수입차가 크게 늘고 있는 추세도 여기에 반영된다.

60대 이상 가구에서는 전체적으로 식료품비와 주거·수도·광열비 비중이 높은 것이 눈에 띈다. 다만 다른 연령군과 마찬가지로 식료품비의 비중이 점차 낮아지는 것을 볼 수 있다. 상대적으로 비중이 커지는 항목은 교통비다. 그만큼 외부활동이 많다는 뜻이다. 65세 이상이면 교통비가 무료 아니냐고? 하지만 자가용이 있지 않은가. 차가 한 대라도 있으면 무조건 한 달에 20만 원은 들어가는데, 가처분소득이 줄어드니 그 비중이 커진 것이다.

자, 이제 드디어 대각선이다.

지금까지는 지난 20년간 변화된 흐름을 살펴보았다. 그러나 우리에게 중요한 것은 미래다. 이제 예측을 해보자. 지금까지 그랬으면 앞으로는 어떻게 바뀔지.

예측하기 위해 필요한 것이 이 그래프의 대각선이다. 앞으로 일어날 변화에는 과거의 행적이 남아 있기 때문이다. 내가 지금까지 해왔던 행동이 앞으로의 행동에도 영향을 미치지 않겠는가? 미래의 내가 어떻게 바뀔지 알기 위해서는 과거의 아버지 세대가 아니라 과거의 우리 세대를 보아야 한다. 그러니 대각선을 보아야 한다. 가로축이 보여주는 시대별 소비특성을 참조하면서.

예를 들기 위해 나의 경우를 대입해보자. 내가 30대였던 2006년 즈음에는 이미 집밥보다는 밖에서 사먹는 데 들어가는 돈이 더 많았다. 혼자 사는 사람이 많기도 했고, 결혼한 사람들도 맞벌이를 하는 경우가 많았기 때문이었다. 그때까지는 교육비 비중이 낮았다가, 40대로 접어들면서(2016년) 교육비가 1등으로 올라섰다. 이를 기반으로 내가 50대가 되는 2021년의 소비를 예측해보았다. 우리 세대, 우리 코호트가 어떻게 바뀌어갈지 보는 것이다.

그때 나는 어디에 돈을 많이 쓸까? 40대인 지금은 단연 교육비가 1등이지만 50대가 되면 교육비 대신 먹는 비용의 비중이 늘 것이다. 30대 때부터 외식을 즐겨온 만큼 식료품비가 아니라 음식·숙박비가 1등이 되지 않을까. 그다음에는 식료품비의 지출이 많을 것이다.

하지만 어찌 보면 이런 생각도 든다. 교육비가 더 올라갈 수도 있다. 내 첫째딸이 태어난 2002년생의 아버지 평균연령은 30.5세다. 딱 내 경우가 저랬다. 우리 세대는 윗세대보다 자녀를 늦게 낳았기 때문에 지금 내 또래 자녀들의 평균연령은 중학생 정도다. 2021년쯤 되면 하나둘씩 대학에 들어갈 나이이다. 그러면 오히려 교육비가 50대에서도 1, 2등을 다툴 가능성이 높다. 반면 집에서 밥을 먹는 경우는 점점 줄어들 테니 식료품비의 비중은 훨씬 감소할 것이다.

기존 50대의 소비지출을 보면 교통비와 주거·수도·광열비가 항상 상위에 있다. 이 두 항목은 기본적으로 나가야 하는 고정비에 가까우므로 큰 변동은 없을 것으로 예상된다. 물론 이는 가처분소득이 유지된다는 전제하에 세운 예측이다. 다행히 50대는 가처분

	2006년	2016년	2021년 (예상)
60세 이상	1. 식료품및비주류음료 (21.0%) 2. 주거및수도광열 (14.2%) 3. 보건 (12.2%) 4. 음식·숙박 (10.4%) 5. 교통 (10.1%) 6. 기타상품및서비스 (8.5%)	1. 식료품및비주류음료 (20.0%) 2. 주거및수도광열 (16.7%) 3. 보건 (11.8%) 4. 음식·숙박 (11.0%) 5. 교통 (9.5%) 6. 기타상품및서비스 (8.2%)	1. 식료품및비주류음료 2. 음식·숙박 3. 주거및수도광열 4. 교통 5. 보건 6. 기타상품및서비스
50대	1. 식료품및비주류음료 (14.4%) 2. 음식·숙박 (14.1%) 3. 교통 (13.3%) 4. 기타상품및서비스 (10.1%) 5. 주거및수도광열 (9.8%) 6. 교육 (7.8%)	1. 음식·숙박 (14.1%) 2. 교통 (13.4%) 3. 식료품및비주류음료 (13.0%) 4. 주거및수도광열 (10.9%) 5. 기타상품및서비스 (9.2%) 6. 교육 (8.8%)	1. 음식·숙박 2. 식료품및비주류음료 3. 교육 4. 교통 5. 주거및수도광열 6. 보건
40대	1. 교육 (16.8%) 2. 음식·숙박 (13.6%) 3. 식료품및비주류음료 (13.0%) 4. 교통 (11.9%) 5. 주거및수도광열 (9.5%) 6. 기타상품및서비스 (7.4%)	1. 교육 (17.1%) 2. 음식·숙박 (13.6%) 3. 식료품및비주류음료 (12.3%) 4. 교통 (11.0%) 5. 주거및수도광열 (9.5%) 6. 기타상품및서비스 (7.9%)	〈전체〉 1. 교육 2. 음식·숙박 3. 식료품및비주류음료 4. 교통 5. 주거및수도광열 6. 기타상품및서비스 〈1인 가구〉 1. 음식·숙박 2. 주거및수도광열 3. 교통 4. 식료품및비주류음료 5. 기타상품및서비스 6. 오락·문화
30대	1. 음식·숙박 (14.0%) 2. 교통 (13.6%) 3. 식료품및비주류음료 (13.0%) 4. 주거및수도광열 (10.2%) 5. 기타상품및서비스 (10.1%) 6. 교육 (9.4%)	1. 음식·숙박 (14.3%) 2. 교통 (13.5%) 3. 식료품및비주류음료 (12.1%) 4. 주거및수도광열 (11.6%) 5. 기타상품및서비스 (9.5%) 6. 교육 (7.3%)	〈전체〉 1. 음식·숙박 2. 교통 3. 식료품및비주류음료 4. 주거및수도광열 5. 기타상품및서비스 6. 교육 〈1인 가구〉 1. 음식·숙박 2. 주거및수도광열 3. 교통 4. 식료품및비주류음료 5. 기타상품및서비스 6. 오락·문화

〈도표 10〉 연령별 소비 형태 예측 (렉시스 다이어그램)

소득이 급변하는 연령대가 아니므로 그대로 유지될 가능성이 크다. 결국 나의 미래에 가장 큰 변수는 '교육비'라는 결론이 나온다. 2부에서 교육 시장의 변화를 다루면서 언급하겠지만, 앞으로 대학입시가 크게 바뀔 가능성이 있다. 입시제도가 바뀌게 되면 교육비는 줄어들 여지가 충분하다. 그 경우 비싸진 자동차 할부금만큼 교통비 비중이 교육보다 더 높아질 수도 있겠다.

이번에는 2021년의 40대를 보자. 이들은 기혼과 비혼으로 나눠서 예측해보았다. 이미 말했다시피 결혼하지 않은 이들의 비율이 상당히 높은 코호트이기 때문에 유의미한 예측을 위해서는 이 가구들을 구분해서 살펴봐야 한다.

40대 기혼가구는 자녀가 있을 가능성이 크므로 기존 40대 가구의 소비 패턴이 대체로 유지될 것이다. 물론 기존의 40대보다 자녀가 어리므로 절대적인 교육비는 줄어들겠지만, 대신 이들은 기존세대보다 가처분소득이 낮다. 그래서 가계에 미치는 교육비 부담은 여전할 것으로 예상된다. 이처럼 기존의 40대와 똑같은 패턴을 보이더라도 그 이유는 코호트마다 제각각일 수 있다. 코호트의 특성을 이해해야 하는 이유다.

반면 비혼인 40대의 사정은 전혀 다르다. 이들은 1등 지출항목이 나가서 사먹는 것이다. 본인 명의의 집이 있는 사람은 대출금 때문에, 없는 사람은 임대료 때문에 주거비 지출이 많을 테고 절대적인 교통비도 필요하다. 여기까지는 다 생활을 위해 필요한 것이다. 그다음에 기타 비용과 오락·문화비가 나온다. 기존의 40대 가구에서는 보이지 않던 항목이 드디어 등장했다. 둘 다 자신에게 쓰는 돈이다. 이는 30대 비혼가구에도 비슷하게 나타날 것이다. '욜로YOLO'라고 하는 트렌드의 반영이랄까.

기업이라면 이들을 잡아야 한다. 돈을 많이 써줄 사람들이 바로 이들이다. 더욱이 이들은 점점 늘어날 것이다. 반면 이런 흐름에 부합하지 않는 비즈니스 모델, 이런 인구집단을 고려하지 않는 기업은 위험해진다. 최근 패밀리 레스토랑이 축소 또는 폐업하는 것을 보라.

지금까지의 내용을 실제 사업구상에 어떻게 반영할 수 있을까?

다니던 회사를 그만두고 퇴직금으로 편의점을 시작해볼까 고민 중이라고 해보자. 골목마다 들어와 있는 편의점을 보면 저 많은 가게가 과연 다 장사가 되는지 괜히 걱정이 된다. 담배나 간단한 음료만 팔아서는 수지타산이 안 맞고, 편의점 자체 브랜드의 간편식HMR 등 이문이 큰 품목을 많이 판매해야 할 텐데 평범한 아파트 동네라 얼마나 팔릴지 가늠이 안 된다. 간편식을 비롯해 편의점 제품은 젊은 사람들이 많이 사지 않나? 젊은 사람들이 별로 없는 동네에서 장사가 될까?

앉아서 고민만 해봐야 소용없으니, 가계동향자료를 렉시스 다이어그램에 넣어보자. 지금의 60대는 지난 30년간 꾸준히 식료품비에 돈을 가장 많이 썼다. 기본적으로 장을 봐서 조리해온 세대라 편의점 음식을 선호할 가능성은 크지 않다. 그러나 고령자층이라도 1~2인 가구는 마트에서 장을 봐서 조리하기보다 근처 가게에서 간편식을 사 먹을 확률이 기존보다 높아질 것이다. 그러니 노년층이라 해서 편의점에 가지 않을 것이라는 선입견은 버리는 것이 좋다.

50대는 60대보다 꾸준히 외식 비중이 높았음을 알 수 있다. 하지만 가족 단위 외식을 많이 한 것이지 '혼밥' 외식에는 익숙하지 않은 세대다. 또한 이들 세대는 대체로 외벌이였다. 20년 넘게 가사를 책임져온 전업주부들이 많고 마트에 가서 장을 보아온 세대인 만큼 가족 식사로 편의점 간편식을 구매하는 사람은 많지 않을 것이다.

반면 40대는 20대 때부터 편의점을 이용했고, 평소에도 혼자 식당에 들어가는 게 어색하지 않다. 바쁘고 번거로우면 편의점 혼밥도 가볍게 할 수 있다. 더욱이 이들은 편의점 맥주를 애용하는데, 간편식이 안주로 썩 괜찮다! 많은 가정이 맞벌이라 어차피 집에 해놓은 음식도 많지 않을 테니 맥주를 사면서 안주도 산다.

20~30대는 집밥을 더 안 먹고, 소득도 더 적다. 필수로 나가는 주거·수도·광열비와 교통비 비중이 높고, 외식비 항목도 높다. 건강 따져가며 밥을 먹는 편이 아니므로 편의점 간편식에 대한 거부감이 없고, 지갑이 얇아서 자주 찾기도 한다. 더욱이 20대는 유행에 민감하므로 핫한 아이템이 있다면 일부러 사러 오기도 한다.

결과적으로 20~30대가 많지 않더라도 40대나 60대에서 의외

의 기회를 찾을 수 있다. 60대에는 동네 슈퍼마켓을 대체하는 상
점으로, 40대에는 맥주와 안주를 살 수 있는 곳으로 접근하면 어
떨까. 20대보다는 구매력이 있는 계층이니 단가를 높인 고급제품
이 잘 팔릴 수도 있다.

　개인 사업이든 기업 단위의 사업이든 전체 산업군이든, 렉시스
다이어그램을 활용하는 방법은 기본적으로 다르지 않다. 과거부
터 쌓여온 코호트의 소비변화를 관찰하면 그 안에 어떤 관성이 버
티고 있고 어떤 변동이 있었는지 알 수 있다. 관성은 관성을 따라
서, 변동은 방향과 추이를 가늠하면서 보면 앞으로 몇 년 후에 어
떤 소비를 할지 대략 예측할 수 있을 것이다.

하나의 코호트가 시장 전체를 흔드는 과정을 읽어라

　렉시스 다이어그램 예측을 하면서 오늘날 한국사회가 특히 주
목해야 할 코호트가 있다. 고령층 집단이다. 현재의 50~60대 인
구가 나이 들면서 고령층은 점차 증가할 것이다. 이들이 과거에
어떤 소비행태를 보였으며 앞으로 어떻게 소비할지 예측함으로
써 우리나라의 전체적 라이프스타일이 어떻게 바뀔지 가늠해볼
수 있다.

　이 글을 쓰는 2018년은 마침 개띠 해다. 한국사회에 '개띠' 하
면 떠오르는 대표적인 인구집단이 있다. 바로 '58년 개띠'다. 한

해에 태어난 사람을 태어난 연도와 띠로 묶어 표현하는 것은 드문 일이다. 아니, 58년 개띠 말고는 없었던 것 같다. 1958년생들을 왜 58년 개띠라고 부르게 되었는지 이유가 정확히 밝혀진 바는 없다. 1974년 고교에 진학할 때 이전과는 달리 본고사 없이 연합고사만 치르고 소위 '뺑뺑이'로 학교 배정을 받아 평등의식이 높은 첫 세대라는 설說과 함께 이런저런 추측이 존재한다. 어쨌든 인구학자인 내 눈에는 1958년생들이 분명 특별하다.

1960년에 실시된 인구센서스에 따르면 당시 만 2세가 된 1958년생이 101만 3427명으로 조사되었다. 1957년, 1956년생이 각각 90만 명가량이었다. 물론 당시에는 출생신고가 제대로 이루어지지 않았고, 몇 년이나 신고를 미루는 일도 비일비재했으니 통계가 정확하다는 보장은 없다. 그러나 이런 상황을 감안하더라도 한 해만에 10만 명이나 더 태어났다는 건 예사롭지 않은 사건(?)이다. 더욱이 학교를 비롯한 모든 사회자원이 부족한 전후戰後 상황 아니던가. 이것만으로도 이들 집단은 사람들의 눈에 띄는 특별한 존재가 되기에 충분했다.

태어날 때부터 특별했던 이들에게 2018년은 더욱 각별한 해다. 단순히 환갑년이기 때문은 아니다. 2018년을 기점으로 58년 개띠들의 정년퇴직이 본격화되기 때문이다. 2018년 국내에 거주하고 있는 내국인 58년 개띠는 약 74만 6000명이다. 물론 많은 58년 개띠가 이미 몇 년 전부터 은퇴해왔고, 여성들은 대부분 가정주부로서 직장경험을 해본 적이 없으므로 실제로 2018년에 마지막 임금을 받게 되는 58년 개띠는 약 30만 명이 될 것이다. 그럼에도 고령 사회 대한민국에서 이들이 앞으로 사회에 미치게 될 영향력이 그 어떤 세력보다 클 것이 분명하다. 이유는 두 가지다.

첫째, 이제 58년 개띠는 거의 모두가 임금근로자가 아니다. 하지만 이들이 노동 시장에서 완전히 빠져나간다는 뜻은 아니다. 오히려 많은 58년 개띠는 60세 전후로 경제활동의 2막을 열게 될 것이다. 노동 시장으로의 재진입은 젊은 인구가 노동 시장에 처음 들어오는 것만큼 사회적으로 중요하다. 이들이 어느 산업 부문에 어떠한 형태로 다시 들어오는지는 생산·소비·노동·금융 등 모든 부문의 시장에 영향을 준다.

둘째, 58년 개띠는 대규모 은퇴 인구의 시작일 뿐이다. 앞으로 매년 베이비부머가 60세에 도달할 텐데, 이들의 크기는 심지어 58년 개띠보다 더 크다. 2019년 60세가 될 1959년생은 약 78만 9000명이고, 매년 증가해 2021년에는 약 89만 명의 1961년생이 60세가 될 예정이다. 이들은 은퇴 이후 30년 안팎의 삶을 과거와는 전혀 다르게 살아갈 것이다. 58년 개띠가 60세 이후 어떻게 살아가는지는 후배 베이비부머들의 인생 2막 설계에 매우 중요한 준거이자 이정표가 된다.

대규모 인구가 삶을 질적으로 바꾸면 시장도 따라서 변화한다. 그런데 삶의 변화가 이 연령대 하나로 끝나는 게 아니라 그 뒤에 따라오는 연령대의 인구가 더 크고, 이들도 비슷한 변화를 경험할 것이라면 이것이 시장에 주는 영향력은 격변의 수준이 된다. 이

점에서 58년 개띠는 시장변화를 주도하는 첨병임에 틀림없다.

58년 개띠가 어떻게 시장에 영향을 줄까? 그들은 어디에 돈을 가장 많이 쓸까? 앞에서 살펴보았듯이 58년 개띠의 과거와 현재를 보면 미래 계획을 짐작할 수 있다.

58년 개띠는 2015년 인구센서스 당시 50대였다. 이들이 30대이던 1996년에는 식료품비 관련 소비가 20.0%로 가장 높았으나, 시간이 지날수록 비중이 많이 낮아졌다(20.0% → 13.0% → 13.0%). 반면 음식·숙박 관련 지출은 거꾸로 점점 증가하는 추세를 보였다(11.8% → 13.6% → 14.1%). 기존의 50대는 식료품비가 1등이었는데 이제 50대에서도 외식이 대세가 된 것이다. 과거 세대는 사회활동이 왕성한 40대에 외식을 많이 하다가도 50대가 되면 다시 집밥을 먹었는데, 이들은 50대의 외식비 비중이 오히려 더 높다. 여기에는 1인 가구로의 분화가 빨라지고 있다는 이유가 숨어 있다.

데이터를 보자. 2010년에는 59만 721가구였던 50대 1인 가구가 2015년에는 86만 914가구로 27만 193가구나 증가했다. 그중 45.4%는 이혼에 따른 가구분화로 추정된다.

아예 결혼 자체를 하지 않고 내내 혼자 사는 사람들도 늘고 있다. 2015년 인구센서스 결과 만 49세까지 결혼 경험이 없는 고령 미혼자가 남성의 10.9%, 여성의 5.0%를 차지하는 것으로 나타났다. 이들처럼 만 49세까지 한 번도 결혼하지 않은 사람의 비율을 '생애미혼율'이라 한다. 2000년에 조사된 생애미혼율이 남성 1.8%, 여성 1.4%였던 것을 감안하면 이 또한 가파르게 증가한다는 사실을 알 수 있을 것이다. 안 그래도 고령으로 갈수록 자식세대가 부모와 떨어져 살면서 가구원 수가 축소되는 것이 일반적인 현상이다. 그러나 앞으로 가구원 수의 축소는 60대가 아닌 50대부터 급격히 나타날 확률이 높다. 즉 58년 개띠가 외식을 많이 하는 이유는 연령에 따른 소비변화라기보다는 생애미혼율 및 이혼율 증가에 따른 가구분화 때문이라는 것이다.

이런 연령군이 은퇴한다면, 어떤 생활을 할까?

가장 먼저 할 일은 아마도 여행일 것이다. 수십 년 직장생활에 대한 보상이니 해외여행이 선호된다. 마음 같아서는 미국처럼 멀고 이국적인 곳에서 나를 보상해주고 싶지만 은퇴 이후 줄어들 소득이 염려된다. 그래서 '너무 이국적인 곳은 시차가 크고 먹는 것도 불편하다'는 합리적인 이유를 들어 가까운 아시아로 간다.

여행을 마치고 그동안 못했던 취미활동에 몰두할 수도 있다. 하지만 현실은 그리 녹록지 않다. 국민연금은 만 62세부터 수령 가능하고 그마저 넉넉히 지급되지도 않기 때문에 별도의 수입이 있어야 한다. 앞서 은퇴한 이들은 상당수가 치킨집 사장, 즉 자영업자의 길을 택했지만, 이제는 불나방의 길임을 뻔히 알기에 치킨집에 뛰어드는 우愚를 범하지 않는다. 그보다는 본인이 하던 일과 관련된 영역에서 사업을 도모한다. 다행히 이들은 이전 세대보다 교육 수준이 전반적으로 높다. 1953년생 남성 중 조금이라도 대학을 다녔던 사람들은 25%인데, 1958년생은 33%나 된다. 컴퓨터도 얼추 다룰 줄 안다.

물론 사업이라고 해서 거창한 것은 아니다. 규모가 작아야 리스크도 작은 데다, 무엇보다도 큰일을 벌일 돈이 없다. 현직에 있을 때 자녀들 교육비를 대느라 모아둔 여유자금이 별로 없다. 이제는 은퇴했으니 은행 대출도 쉽지 않다. 사업자금을 어디서 충당할까? 이럴 때 가장 먼저 떠오르는 게 있다. 맞다, 한창 일할 때 들어놓은 보험과 적금이다.

그래도 돈이 모자라거나 자녀 결혼비용을 보태야 하면 부득이하게 살던 집을 정리한다. 부동산 열풍과 함께 재산증식의 기회를 맛봤던 이들은 은퇴하면서 중대형 아파트를 처분하고 상대적으로 관리비가 저렴하고 매매차익을 얻을 수 있는 소형 아파트, 그것도 도심보다는 도시 외곽의 아파트로 거주지를 옮긴다. 부부 또는 혼자 살 터이니 넓을 필요가 없다는 이유도 이사의 명분이 된다. 가족이 줄어드니 대형 마트를 이용할 이유도 없다.

이처럼 여행·금융·노동·부동산·유통 등 많은 산업과 시장이 58년 개띠에 의해 부정적이건 긍정적이건 변화를 겪을 것이다. 소득이 줄어듦에 따라 식료품비 지출비중은 다시 커질 것이다. 하지만 앞에서 말한 대로 가구가 분화되고 홀로 사는 사람이 많아지면 집밥에도 한계가 있다. 혼자 끼니마다 챙겨먹느니 나가서 사먹지 않겠는가? 그러니 앞으로는 60대 이상 고령가구에서도 음식·숙박비 비중이 식료품비 못지않게 높을 것이다. 그 뒤로는 필수적으로

지출해야 하는 주거·수도·광열비 및 교통비, 보건비가 뒤따를 것
으로 예상된다.

58년 개띠를 필두로 한 1세대 베이비부머의 은퇴는 단순히 고
령자가 더 늘어나고 고령시장이 흥할 것이라는 정도로 끝나지 않
는다. 거대한 코호트가 움직이기 시작하면 전 연령대가 영향을 받
고 전체 시장이 재편될 것이다.

설령 크기가 작더라도 모든 코호트는 사회에 어떤 식으로든 영
향을 끼친다. 저출산 세대가 고등학교를 마치는 2021년 이후가
되면 '작아진 세대'가 불러오는 여파를 모든 산업영역에서 실감
하게 될 것이다. 모든 변화에는 여진餘震이 있게 마련이다. 인구전
망의 시야를 과거에서부터 미래로, 핵심 타깃으로 시작해 전체 인
구로 확장해야 하는 이유다.

미래의

소비시장을 뒤흔들

인구현상 8가지

10년 후의 시장은 10년 후의 인구에 의해 결정된다. 흔히 10년 후의 인구를 상상해보라 하면 그사이에 몇 명이 태어날지를 먼저 가늠해보곤 하는데, 정작 이들보다 훨씬 중요한 이들은 이미 태어나 10년 후에도 대부분 생존해 있을 '우리'들이다. 게다가 출생아 예측에는 오차가 있을 수 있지만 생존해 있는 사람들은 정확히 셀 수 있다. 그러므로 미래 시장을 알려면 오늘 '우리'에게 일어나는 인구변동의 특성이 무엇이고, 어떤 요소의 영향력이 커지고 있는지 알아야 한다.

한국은 지난 2002년부터 연간 출생아 수가 45만 명 안팎에 지나지 않아 1990년대에 비해 15만~20만 명이나 줄었다. 2017년 출생아 수는 35만 7000명으로 통계 작성 이후 최저치였다. 2020

년쯤엔 출생아 수가 약 30만 명 선까지 떨어질 전망이다. 기저귀나 분유, 유모차와 같은 영·유아용품 시장규모가 출생아 수 40만 6000명이던 2016년에 비해 4년 만에 4분의 1이 줄어드는 것이다. 비상이라 하지 않을 수 없다. 분만 병원이나 산후조리원 등의 업종도 서둘러 역성장에 대비해야 한다.

2024학번은 지금보다 훨씬 수월하게 대학에 들어갈 수 있을 것이다. 2018학번의 경우 전체 모집 정원은 50만 명에 재수생 등을 포함해 약 60만 명의 수험생이 경쟁했다. 만약 지금처럼 18세 인구의 70%가 대학 진학을 희망할 경우 2024년 입시에는 고3에 재수생까지 더해도 수험생 45만 명에 실제 진학자는 30만 명도 채 안 될 것이다. 즉 지금 있는 대학이 하나도 망하지 않고 규모를 유지한다면 2024학번은 특별히 대학과 전공을 가리지 않는 한 누구나 대학생이 될 수 있다. 고3과 재수생을 포함한 모든 수험생이 서울 4년제 대학에 가고자 경쟁해도 그 즈음엔 경쟁률이 4.5대 1 정도로 떨어질 것이다. 서울, 인천, 경기 등 수도권 4년제 대학을 모두 포함하면 3대 1도 채 되지 않는다. 거기에 수도권의 전문대학까지 합하면 1.5대 1 정도가 될 것이다. 전국의 모든 대학진학 희망자들이 서울과 수도권 대학에 가겠다고 할 때의 시나리오다. 입장이 뒤바뀐 대학들은 등록금을 인하해서라도 신입생 충원에 적극 나설 수밖에 없을 것이다.

지방 중소도시 인구는 이미 위험 수준까지 왔지만, 아직까지는 지역 상권을 꽤 잘 유지하고 있다. 유력 백화점과 대형마트들이 새로 지점을 내고 있으며, 기존 지점도 문 닫지 않고 있다. 하지만 2025년부터는 지방 도시에 태풍이 몰아칠 것이다. 내국인 국내 거주자를 기준으로 볼 때 2025년은 우리나라 인구가 정점을 찍고 이후 서서히 줄어들기 시작하는 변곡점이다. 대형마트는 어린 자녀를 둔 젊은 인구가 주요 고객층인데, 이즈음부터 젊은 층 인구가 급격히 줄어든다. 지방대학 운영이 어려워지면서 주변 상권도 타격을 입을 수밖에 없다. 나아가 2027년쯤엔 큰손 고객인 50대 여성들이 60대로 접어들고 씀씀이를 줄여가면서 지방 백화점의 적자가 커질 가능성이 있다. 이렇게 되면 유통업체들은 지방에서 철수를 결정할 것이며, 지방 생활이 더 불편해져 지역을 떠나는 젊은이들이 속출하는 악순환이 생길 수 있다.

이렇듯 인구변화에 따라 10년 안에 벌어질 한국사회의 혼란은 작지 않을 전망이다. 그중에서도 특히 대한민국 소비시장의 미래를 결정할 인구현상은 크게 8가지다. 초저출산, 만혼, 비혼, 가구 분화, 도시 집중, 수명 연장(고령화), 질병 부담의 증가, 외국인 이주가 그것이다. 하나씩 살펴보자.

초저출산

뭐니 뭐니 해도 우리가 체감하는 가장 큰 인구변동 현상은 '초저출산'이다. 흔히 말하는 '저출산'이 합계출산율 2.08 이하로 떨어지는 것인데, 우리나라는 합계출산율이 3년 이상 1.3 이하로 떨어지는 초저출산 상태다. 얼마나 심각한가 하면 합계출산율 1.1~1.2 수준이 15년 이상 지속되고 있다. 2017년에는 역대 최저인 1.05로 떨어졌고, 서울시는 0.9도 되지 않는다. 2018년, 상황은 더욱 악화될 것이다.

2005년 6월 정부가 '저출산·고령사회기본법'을 제정하고 5년

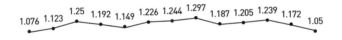

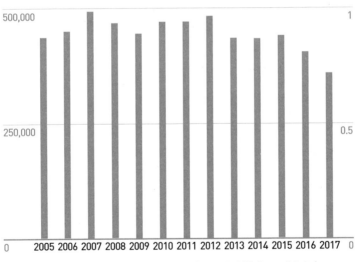

〈도표 11〉 2005~17년 출생아 수 및 합계출산율 추이 (출처 : e-나라지표)

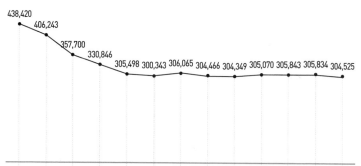

438,420
406,243
357,700
330,846
305,498 300,343 306,065 304,466 304,349 305,070 305,843 305,834 304,525

2015 2016 2017 2018 2019 2020 2021 2022 2023 2024 2025 2026 2027

〈도표 12〉 현재의 출생 수준이 호전되지 않을 경우 예상되는 출생아 수 (2015~17 : 실측치)

마다 '저출산·고령사회기본계획'을 수립하는 등 저출산 문제를
해결하기 위해 노력해왔지만 합계출산율은 여전히 답보 상태다.
새 정부가 들어설 때마다 합계출산율 목표치를 제시하고 이를 달
성하기 위해 총력을 기울이겠다고는 하지만 상황이 호전될 거라
기대하는 사람은 많지 않다.

합계출산율보다 더 중요한 것은 실제 태어나는 아이의 수다. 사
회를 구성하고 활동하는 것은 실제 사람들의 숫자이지 비율이 아
니기 때문이다. 2016년에 우리나라에는 40만 6000여 명이 태어났
다. 초저출산 현상이 시작된 첫 해인 2002년에 약 48만 명이 태어
난 후 2016년까지 매해 40만 명대의 아이가 태어났다. 이 아이들
의 부모 세대인 1960년대 말~1980년대 초에는 매해 85만~100만
명이 태어났다. 불과 한 세대 만에 출생아 수가 절반으로 줄었는
데, 전 세계에 이런 나라는 한국이 유일하다.

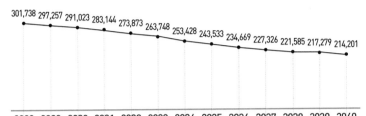

301,738 297,257 291,023 283,144 273,873 263,748 253,428 243,533 234,669 227,326 221,585 217,279 214,201

2028 2029 2030 2031 2032 2033 2034 2035 2036 2037 2038 2039 2040

〈도표 12〉 현재의 출생 수준이 호전되지 않을 경우 예상되는 출생아 수 (2015~17 : 실측치)

설령 가까운 미래에 출산율이 일시적으로 높아진다고 하더라도 그것이 현재의 저출산 상황이 호전되었음을 뜻하는 것은 아니다. 앞에서 설명했다시피 우리나라는 과거에 시행되었던 가족계획과 남아선호사상 때문에 현재 주 출산연령대 여성의 수가 이미 크게 줄어든 상태이고, 지금도 계속 줄어들고 있다. 그러니 출산율이 올라가도 전체 출생인구는 늘기 어려운 구조다. 거기에 합계출산율 역시 1.0~1.1 대에서 상승할 여지가 크지 않으므로 앞으로 태어날 아이의 수는 지금보다 더 줄어들 것이라 보는 것이 타당하다. 2002년 이후 태어난 초저출산 세대가 30세 즈음이 되고, 지금과 같이 1.0에 가까운 합계출산율이 지속된다면 2030년 이후에는 한 해에 태어날 아이의 수가 30만 명을 넘기 힘들 것이다. 2018~19년 출산율은 0.99, 그 이후 다시 다소 상승하여 1.02 수준으로 유지된다는 가정 하에 앞으로의 출생아 수를 추계해보면, 우리나라의 신생아 수가 30만 명 이하로 떨어지는 시점은 2029년이다. 그러나 합계출산율이 계속 떨어지는 추세임을 감안하면 20만 명대 출산 시점은 더 빨라질 가능성이 크다(〈도표 12〉 참조).

어떤 분석으로도 태어나는 아이의 수가 크게 줄어들 것은 확실하다. 이들을 대상으로 하는 산업, 예를 들어 기저귀, 완구, 그림책 등을 비롯해 이들이 커가는 동안 소요될 생필품 시장은 계속 축소될 수밖에 없다. 그뿐 아니라 이들이 성장해 사회에 진출할 시점이 되면 노동 시장 또한 공급 부족에 시달릴 가능성을 배제할 수 없다. 기업은 자신이 속한 산업이 초저출산 세대의 성장에 따라 언제 어떤 영향을 받게 될지 예의 주시해 사업 방향을 전환하거나 해외 진출을 모색하는 등 새로운 전략을 세워야 할 것이다.

만혼

아이를 낳지 않는 세대와 함께 거론되는 사회현상이 만혼晩婚이다. 늦게 결혼하는 것이 일반적 풍조가 되면서 초저출산 현상도 심화되고 있다. 통계청에 따르면 2017년 평균초혼연령은 남자가 32.94세, 여자가 30.24세였다. 2000년의 평균초혼연령이 남자 29.28세, 여자 26.49세였으니 17년 만에 3년이나 결혼이 늦어진 것이다(〈도표 13〉 참조). 더욱이 젊은 인구가 가장 많이 살고 있는 서울에서는 결혼을 더 늦게 하고, 학위를 받으면 더욱더 늦게 한다. 경영자들 대상 강연에서 물어보면 자녀를 해외에 유학 보낸 이들이 많은데, 그들에게 나는 종종 말한다. 공부를 많이 할수록 결혼을 늦게 하거나 아예 안 할 가능성이 크니 손주 기대는 접으시라고.

우리나라처럼 편부모 가정에 대한 편견이 심한 사회에서는 혼인이 출산의 전제조건이 된다. 초혼연령이 높아진다는 것은 그만큼 아이를 낳을 수 있는 기간이 줄어든다는 것을 의미하고, 둘째를 낳고 싶어도 노산을 염려해 엄두를 못 내게 된다. 그러니 늦게 결혼할수록 출산율도 낮아진다.

물론 이것은 어디까지나 아이를 낳고 싶어 하는 경우의 이야기

(연령)

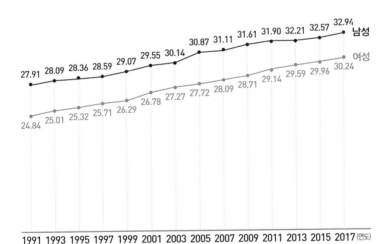

〈도표 13〉 남녀별 초혼연령 변화 (출처 : 통계청 KOSIS, 인구동향조사)

다. 늦게 결혼하는 이들은 상대적으로 고학력에 사회활동도 왕성하게 하는 편인데, 이들은 사회적 성취 등 자신의 삶을 더 중시하는 경향이 있으므로 아이를 낳아 헌신하고 희생하는 삶을 추구할 가능성이 상대적으로 높지 않다. 결국 만혼 현상이 지배적인 한 출산율이 높아질 가능성은 거의 없다고 보아야 한다. 정부에서 결혼을 미루는 청년들을 위해 신혼부부 공공임대주택 보급 등 여러 정책을 추진하고 있지만, 이미 보편적인 문화로 자리 잡은 만혼 현상이 해소될지는 의문이다.

비혼

만혼에 이어 아예 결혼하지 않는 사람이 느는 것도 주목해야 한다. 이에 대해 '요즘 젊은 사람들이 워낙 결혼을 늦게 하다 보니 미혼 인구가 늘어나는 것이 하나도 이상할 게 없다'고 느끼는 분이 많을 것이다. 그러나 여기서 주목해야 할 미혼은 30대 미혼이 아니라 40대 미혼이다.

우리보다 저출산 현상이 15년가량 먼저 발생한 일본의 경우 2010년의 생애미혼율이 남자 20.1%, 여자 10.6%였다. 한국의 경우 생애미혼율은 남성은 2000년 1.8%에서 2010년 5.8%, 2015년 10.9%로 15년 새 6배가량 급증했다. 여성 역시 같은 기간 1.4%에서 5.0%로 3.6배 높아졌다.

연도	남자	여자
2015년	22.8%	11.3%
2010년	14.4%	6.2%
2005년	8.5%	3.6%
2000년	4.9%	2.6%
1995년	2.7%	1.9%

〈도표 14〉 내국인 40~44세 인구 중 미혼자 비율 (출처 : 통계청 KOSIS, 각 연도 인구주택총조사)

    그렇다면 2020년에는 이 수치가 얼마나 높아질까? 이 문제를 풀려면 2020년에 45~49세가 되는 2015년 40~44세 인구의 미혼율을 보면 된다. 〈도표 14〉를 보면 2015년 40~44세 남성의 22.8%, 여성의 11.3%가 한 번도 결혼하지 않은 비혼 상태인 것으로 나타났다. 1995년에는 이 비율이 남녀 각각 2.7%와 1.9%에 불과했고 2000년에도 남녀 모두 5%를 넘지 않았다. 그러다 2010년에 갑자기 비율이 높아지기 시작했다. 이제는 더 이상 결혼이 인생의 통과의례가 아니게 된 것이다.

    과연 2020년 인구센서스에서는 이들 중 얼마나 기혼자로 바뀔까? 어떨 것 같은가? 이 질문을 던지면 열이면 열, 결혼하지 않은 사람이 더 많을 것 같다고 답한다. 맞다. 누구나 짐작하듯 늦게까지 싱글일수록 아예 결혼하지 않을 확률도 높아진다. 젊을 때에는 결혼 조건이 단순하지만 나이가 많아지고 사회적 지위도 함께 올라가면 그만큼 결혼을 위한 조건이 복잡하고 까다로워진다. 그래서 아예 결혼을 포기 혹은 거부하고 혼자 산다. 이 같은 경향은 앞으로도 심화될 가능성이 매우 크다. 2015년 당시 35~39세 인구의 3분의 1이 미혼 상태였음을 감안한다면, 이들이 40대가 되는 2020년의 40~44세 미혼율은 지금보다 더 높아질 것이다. 통계청은 2025년에는 남녀 생애미혼율이 지금의 2배인 16.6%, 2035년에는 3배인 24.6%로 늘어날 것으로 예상한다고 밝혔다.[2]

미혼율이 농촌보다 도시에서 두드러지게 높다는 점에도 주목해야 한다. 2015년 인구센서스 결과 서울시의 40~44세 인구 중 남성의 26%, 여성의 18%가 미혼 상태로 전국 평균을 훨씬 웃돌았다. 서울에 사는 남성 4명 중 한 명, 여성 5명 중 한 명이 40대가 되도록 결혼하지 않았다는 얘기다.

또 하나, 재혼율이 확연히 떨어지고 있다는 점도 언급하고 싶다. 과거에는 이혼 또는 사별한 이들이 재혼가정을 꾸리는 경우가 일반적이었지만, 이제는 이혼 후 싱글을 유지하는 사람이 증가하고 있다. 2010년에 남자 약 5만 3000명, 여자 약 5만 7000명이 재혼한 반면 2017년에는 각각 4만 2000명, 4만 7000명으로 줄었다. 결혼 경험이 있든 없든, 앞으로 한국에서 '현재 비혼'인 사람들의 비율은 점점 올라갈 수밖에 없다.

이렇게 비혼인 사람들이 많아진다는 것 자체로만 보면 그냥 '와, 한국사회가 정말 많이 바뀌고 있구나' 하고 끝날 수 있다. 하지만 기업 입장에서 40대 비혼 인구가 이렇게 많이 늘어나고 있다는 것은 시장이 분화되고 있음을 의미한다. 10여 년 전처럼

90% 가까운 40대가 기혼자이고 또 거의 대부분이 부모인 경우의 시장과, 지금처럼 20%가 미혼인 경우의 시장은 크게 다르다. 게다가 지금 40대는 한 연령당 80만 명이 넘게 존재한다. 이 중 20%가 미혼자이니, 한 연령당 약 16만 명의 새로운 '미혼자 시장'이 생겨난 것이다. 앞서 렉시스 다이어그램에서 세대별 소비변화를 예측할 때 30~40대를 기혼과 미혼과 나누었는데, 그 미혼들이 바로 여기서 말하는 새로운 시장을 형성한다.

도시 집중

요즘 우리나라의 가장 특징적인 인구현상을 꼽으라면 누구나 거침없이 '저출산'과 '고령화' 현상이라고 답할 것이다. 그러나 인구학적 관점에서 볼 때 이에 못지않게 심각한 인구 문제가 있다. 바로 도시 집중이다. 지방 중소도시의 젊은 인구가 너무 빠른 속도로 사라지고 있다. 혹자는 이를 '지방소멸'이라는 살벌한 용어로 표현하기도 하는데, 이게 결코 과장이 아니라는 게 문제다.

2015년 인구센서스에 따르면 전국 도시인구가 전체 인구의 82%를 차지하는 것으로 나타났다. 더욱이 생산연령의 주축인 20~54세의 85%가 도시에 살고 있는 것으로 집계됐다. 농어촌 등 다른 지역에 사는 20~54세는 15%에 불과하다는 얘기다.

오늘날의 도시 집중 현상은 단순히 사람들이 도시로 몰리는 정도를 넘어선다. 농어촌에서 도시로, 중소도시에서 더 큰 대도시로 유입되는 현상이 뚜렷해지고 있다. 20~49세 인구의 58%가 수도권과 부산시에 산다. 그중에서도 대학을 마치고 직장에 첫발을 내딛는 인구의 도시 집중이 두드러져서 수도권과 부산시에 거주하는 25~34세 인구가 전체의 61%에 달하며, 특히 서울에만 23%가 살고 있다. 청년인구의 거의 4명 중 한 명이 서울에 살고 있다는 얘기다. 이들이 35세가 넘어가면 어디에 살까? 20대 후반, 30대 초반에 서울에 살던 사람이 35세가 넘어가면서 외곽으로 빠질까? 아니다. 특별한 이유가 없는 한 젊은 사람들은 계속 서울에 살려고 할 가능성이 크다.

제2의 도시인 부산마저 상황이 그다지 좋지 못하다. 2010년 이후 부산의 20~29세 청년들은 매년 평균 4000명씩 부산을 떠나 서울로 이주하고 있다(〈도표 15〉 참조). 이 통계는 주민등록을 부산에서 퇴거한 사람들만 보여주는데, 부산에 적籍은 두고 대학이나 일자리 등을 위해 부산을 떠난 청년들은 당연히 더 많을 것이다.

지방의 상황이 지금처럼 계속된다면 서울 근교를 비롯해 지방

	2010년	2011년	2012년	2013년	2014년	2015년	2016년	2017년
서울로 순유입된 인구	11,981	15,607	21,807	20,979	26,300	17,790	22,563	31,955
부산에서 서울로 이주한 인구	4,363	4,044	4,453	3,708	3,855	3,340	3,993	4,126

〈도표 15〉 20~29세 인구의 이동 (순유입=이사 들어온 인구－이사 나간 인구)
(출처 : 통계청 KOSIS)

에서 학교를 다니던 20대들이 졸업 후에 과연 어디에서 살려고 할까? 이들은 당연히 서울로 오려고 할 것이다. 서울에도 일자리가 풍부한 것은 아니지만 그래도 기회가 사라지고 있는 지방보다는 나을 것이라는 기대를 가지고. 특단의 조치가 없는 한 서울의 인구 비중은 계속 높아질 것이고, 특히 이 현상은 젊은 층에서 더욱 심화될 것이다.

도시로 인구가 몰리는 만큼 지방의 인구비중은 점점 축소될 수밖에 없다. 지방소멸 현상이 확산되는 것이다. 서울 등 대도시에 사는 사람들은 실감이 안 될지 몰라도 해당 지자체에는 발등에 떨어진 불이다. 2017년에 어느 군청으로부터 자문 요청을 받은 적이 있다. 현재 군 인구가 1만 8000명인데 2025년까지 2만 명으로 늘리는 것이 목표라며 자문을 부탁한 것이다. 그런데 확인해보니 1만 8000명도 행정자료상의 수치일 뿐 실제 거주자는 약 1만 5000명이었다. 800km^2가 넘는 면적에 사는 전체 인구가 내가 재직 중인 서울대학교 학생 수에도 미치지 못한다는 것이다. 학생, 교수, 교직원과 방문객을 포함해 서울대학교 캠퍼스에서 움직이는 사람이 하루에 4만 명인데, 그 넓은 지역을 고작 1만 5000명이 지키고 있는 것이다. 어디 이곳뿐이랴, 현재 우리나라의 군 단위 행정구역 중 이런 문제에 처한 곳이 상당수다.

아울러 지방 중소도시의 젊은 인구가 유독 빠른 속도로 빠져나가면서 평균연령이 높아지는 현상이 나타난다. 작아지는 동시에 늙어가는 것이다.

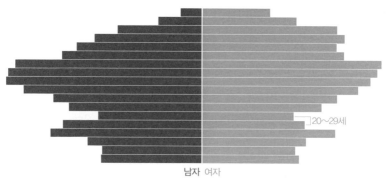

남자 여자

2015년 전라남도 인구 피라미드 (총인구 1,764,433명)

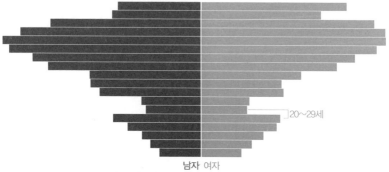

20〜29세

남자 여자

2035년 시나리오1 (출산율 및 20대 순이동 현재상태 유지 / 총인구 1,518,609명)

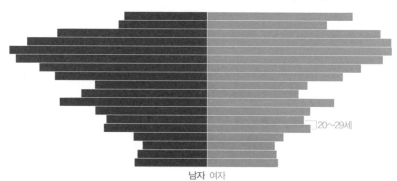

20〜29세

남자 여자

2035년 시나리오2 (출산율 유지 / 20대 순이동=0 / 총인구 1,703,848명)

〈도표 16〉 전라남도 인구 피라미드 변화

경상북도 도청소재지인 안동시의 경우 2000년에 약 18만 2000명이 거주했고 평균연령은 37세였다. 하지만 15년이 지난 2015년 안동시의 인구는 16만 7000명으로 줄었고 평균연령은 43.8세로 7세나 높아졌다. 15세 인구는 2000년의 3만 명에서 2만 명으로 줄었다. 이런 추세라면 2025년 안동시의 평균연령은 거의 50세에 육박할 것이고, 15세 인구는 1만 명 이하로 떨어질 가능성이 높다. 물론 이 또한 안동시만의 현상이 아니라 전국 대부분의 중소도시에서 예측되는 미래상이다.

내가 연구실원들과 함께 작업한 〈도표 16〉은 인구의 도시 집중 현상이 어떤 결과를 낳을지를 단적으로 보여준다. 현재의 상태가 그대로 유지된다고 가정할 경우 2035년의 전라남도 인구 피라미드는 두 번째와 같이 20대가 홀쭉한 모양을 할 것이다. 그러나 비관적 시나리오만 있는 것은 아니다. 출산율도 그대로이고 20대 인구 역시 지금처럼 빠져나가더라도 다른 지역에서 20대 인구가 들어와서 각 연령에 500명씩만 채워준다면 세 번째 시나리오도 가능하다.

청년인구가 줄어든다는 것은 곧 생산인구가 줄고 소비도 위축된다는 것을 뜻한다. 결과적으로 지방의 경제기반이 흔들린다. 우리나라 경제상황이 그다지 좋지 않을 것이라는 전망이 많다. 특히 2017년을 힘들게 한 대우조선해양 문제, 2018년을 힘들게 한 GM 문제와 같이 지역의 경제를 이끌던 전통적인 산업군이 더 어려워질 것으로 예견된다. 지역의 청년들이 먹고살기 어려운 환경이 되는 것이다.

아니, 이대로라면 경제위축은 둘째 치고 지자체의 지속가능성을 기약할 수 없게 된다. 행정자치부의 주민등록 인구통계에 따르면 전국 3502개 읍면동 가운데 2017년에 아기가 한 명도 태어나지 않은 읍면동이 17개나 되었다고 한다. 출장소까지 포함하면 25개다. 한 해 동안 딱 한 명 태어난 읍면동이 45개다. 전국 읍면동 10곳 중 한 곳은 2017년 출생아가 5명 이하에 그쳤다. 저출산과 도시 집중이 맞물린 결과다.

젊은 인구가 도시로 몰리는 것을 무조건 비판하기는 어렵다. 지방 중소도시는 주변 농촌 지역들이 필요로 하는 교육, 행정, 문화, 금융, 유통 등의 서비스를 제공한다. 특히 지방의 출산율이 낮아져서 걱정인데, 출산율을 높이려면 아이를 낳아 키울 수 있는 보육 및 교육 인프라가 갖춰져야 한다. 현재 중소도시에서 젊은 인구가 빠르게 줄어드는 것은 중소도시가 이들이 필요로 하는 기능과 서비스를 제대로 공급하지 못하고 있음을 의미한다.

물론 수요자인 젊은 인구가 줄어드니 관련 서비스도 축소된다고 항변할지도 모른다. 닭과 달걀처럼 선후를 가리기 애매한 문제인 것 같기도 하다. 그럼에도 분명한 사실은 있다. 단지 효율성의 관점으로만 현상을 보고, 젊은 인구가 줄어든다는 이유로 이들에게 필요한 서비스를 줄인다면 그나마 있던 젊은 인구마저 이탈할 것이라는 점이다. 지금 이대로라면 10년 뒤 우리나라의 중소도시는 모두 군 단위로 바뀔지도 모른다.

가구 축소

도시 집중 현상과 함께 인구학자로서 내가 주목하는 인구현상
은 가구 축소, 즉 한 집에 사는 가구원은 줄고 가구 수만 늘어나는
것이다. 이를 상징하는 것이 '나 혼자 사는' 1인 가구의 급증이다.
저출산과 고령화가 10년도 넘은 해묵은 문제라면 미혼 인구와 1
인 가구 문제는 최근 들어 부상하고 있다.

물론 1인 가구의 증가는 선진국들에 공통적으로 나타나는 현상
이지만, 대부분 서서히 상승곡선을 그리는 데 비해 우리나라의 상
승곡선은 한마디로 드라마틱하다. 한국 가정의 표준으로 여겨졌
던 '4인 가족'이 사라지고 있다. 2000년 조사에서는 4인 가구의

	연도	계	1인	2인	3인	4인	5인	6인 이상	평균가구원수
가구수 (만 가구)	2000	1431.0	222.4	273.1	298.7	444.7	144.3	47.9	3.12명
	2005	1588.7	317.1	352.1	332.5	428.9	122.2	36.0	2.88명
	2010	1733.9	414.2	420.5	369.6	389.8	107.8	32.0	2.69명
	2015	1911.1	520.3	499.4	410.1	358.9	94.0	28.3	2.53명
구성비 (%)	2000	100.0	15.5	19.1	20.9	31.1	10.1	3.3	
	2005	100.0	20.0	22.2	20.9	27.0	7.7	2.3	
	2010	100.0	23.9	24.3	21.3	22.5	6.2	1.8	
	2015	100.0	27.2	26.1	21.5	18.8	4.6	1.5	

〈도표 17〉 가구원 수별 일반가구 구성비 추이 (출처 : 통계청 KOSIS, 각 연도 인구주택총조사)

비중이 가장 높았다. 빈도로 치면 4인, 3인, 2인, 1인 가구 순이었는데 15년 만에 상황이 정확히 반대가 됐다. 한 가구에 몇 명이 사는지를 나타내는 평균 가구원 수도 2015년 2.5명으로 줄었다. 4인은커녕 3인도 되지 않는 수치다(〈도표 17〉 참조).

서울시만 놓고 보면 2000년 서울시의 전체 가구 중 4인 가구 비중이 32%였는데, 2010년에 20%가 되었다. 10년 만에 12%포인트가 빠졌다. 2017년 통계청의 추계는 2020년 서울시의 4인 가구를 15%로 보았고 2025년에는 12%가 될 것으로 전망했다. 통계청의 추정치는 일반적으로 보수적인 편이므로 현재의 추세를 실제로 반영하면 서울시의 4인 가구는 2025년에 10% 이하로 떨어질 가능성이 매우 크다.

4인 가구 감소와 함께 나타나는 현상은 1인 가구의 급증이다. 통계청은 2025년에 1인 가구의 비중이 32%, 2035년에는 35%까지 증가할 것으로 예측했다. 당연히 최근의 추세를 감안할 때 실제로는 그보다 더 높아질 것이 분명하다.

1차적인 원인은 앞서 설명한 저출산과 만혼, 비혼이다. 그러나 결혼하지 않고 아이 낳지 않는 젊은 사람들만 혼자 사는 게 아니다. 우리가 놓치지 말아야 할 이들은 50대 이상 연령대다. 최근에 50대의 1인 가구 비중이 크게 늘고 있는데, 2015년에 집계된 수치를 보면 50~54세 가구주 중 혼자 사는 사람은 19%, 55~59세는 20%나 된다. 50대 가구주 5명 중 한 명이 혼자 살고 있다는 뜻이다(〈도표 18〉 참조). 10년 전인 2005년에 이 비율은 12%였다. 홀로

	2005년		2015년	
1인	366,035	12.3%	877,549	19.1%
2인	678,613	22.8%	1,189,814	25.8%
3인	827,584	27.8%	1,240,194	26.9%
4인	1,106,507	37.1%	1,298,464	28.2%
평균 가구원 수	3.0명		2.7명	

〈도표 18〉 가구주가 50~59세인 경우 가구원 수 (출처 : 통계청 KOSIS, 각 연도 인구주택총조사)

사는 50대 가구주는 비율만 늘어난 것이 아니라 절대 수도 크게 증가했다. 2005년 약 19만 명이었던 나 홀로 50~54세는 2015년 약 43만 명으로 2배 이상으로 늘었다. 55~59세도 2005년 약 18만 명에서 2015년 48만 명으로 3배 가까이로 증가했다. 추이를 보건대 2020년 조사에서는 이 수치가 더 늘어날 것이다. 여태까지 한 번도 고려되지 않았던 '신인구 집단'이 등장하는 것이다.

단, 여기서 한 가지 혼동하지 말아야 할 점은 1인 가구가 반드시 비혼이나 이혼자는 아니라는 것이다. 주말부부, 기러기 아빠 등과 같이 결혼하고 자녀가 있더라도 혼자 사는 경우가 있는데, 이들도 모두 1인 가구에 집계된다.

이처럼 4인 가구가 줄고 1인 가구가 급증하는 현상은 소비시장에 큰 변화를 가져올 것이 분명하다. 지금까지 우리 사회는 3인 이상의 가족을 사회의 기본 단위로 여겨왔다. 특히 시장에서는 3인 이상의 가구가 소비의 중요한 주체였다. 단적인 예로 부동산 시장의 경우, 2000년 이후 서울을 중심으로 방 3개 이상인 중대형 아파트 가격이 급격히 상승했다. 2000~09년 재개발·재건축을 통해 생산된 중대형 아파트 비중이 200% 이상 증가했다. 하지만 4인 이상 가구 수가 급감하면 당연히 중대형 아파트의 수요 역시 떨어질 수밖에 없고, 이는 서울의 아파트 지형이 바뀔 수 있음을 의미한다.

유통 시장도 영향을 받게 된다. 1990년대 말에 자리 잡은 대형마트는 2000년대 들어 급격히 성장했다. 많은 사람들이 주말이면 가족과 함께 대형마트를 방문해 일주일치 음식과 물품을 구매했고, 대형마트는 한두 명의 자녀를 둔 가정이 주말에 시간을 보내고 장도 보는 공간을 제공했다. 그러나 가구원이 줄어들면 더 이상 대형마트를 찾을 필요가 없어진다. 물론 1~2인 가구도 대형마트를 찾긴 하지만, 4인 가구에 비해 1회 구매단가가 적을 수밖에 없다. 최근 들어 대형마트들이 시장에서 고전을 면치 못하는 것도 이 같은 가구 축소 현상에 따른 것이라 할 수 있다.

안 그래도 집도 좁은데, 한꺼번에 식재료를 사지 않으면 이를 보관할 냉장고도 클 필요가 없다. 그렇다고 사놓은 대형 냉장고를 당장 버리지는 않겠지만, 이사 등의 이유로 가전제품을 새로 구매할 때 전처럼 큰 냉장고를 찾지 않을 가능성이 생긴 것이다.

이처럼 4인 가구 축소와 가구원 수의 감소는 우리의 통념에 반하는 여러 가지 현상을 불러오고 있다. 전에는 당연하게 여겨왔던 가족 단위의 일상을 바꾸고 나아가 소비시장에도 적지 않은 변화를 일으킬 가능성이 크다. 모든 집에는 몇 명이 사는지와 관계없이 반드시 필요한 생필품이 있다. 그 생필품 시장이 1인 가구의 급증과 함께 커지고 있고, 더욱 성장할 것이다. 최근 싸고 질 좋은 생필품을 판매하는 '다이소' 혹은 '노브랜드'가 주거지역에서 빠르게 늘고 있는데, 그 이유도 이와 무관하지 않다.

수명 연장

다음으로 주목해야 할 인구현상은 수명 연장이다. 한국이 100세 시대에 접어든 것은 더 이상 새로운 사실이 아니다. 우리나라의 100세인은 2000년에 934명, 2005년에 961명 정도로 비슷한 수준이었다. 그러다가 2010년에 1836명으로 2배 가까이 늘었고, 2015년에는 3159명으로 180%가량 증가했다.

그렇다면 2020년에는 100세인이 얼마나 될까? 어렵지 않게 가늠할 수 있다. 2020년에 100세인이 되는 사람들의 인구로 추정해보는 것이다. 2016년 기준 95~99세 인구는 약 2만 5000명이었다. 이들 중 많은 이가 사망하더라도 100세인 인구는 2015년보다 훨씬 많아질 것이 분명하다. 이미 2016년, 100세인은 3500명으로 증가했다.

사실 100세인 인구의 수를 집계하는 통계가 센서스 말고도 하나 더 있다. 국민이면 누구나 다 있는 주민등록번호에 기반한 행정통계가 그것이다. 센서스는 집집마다 실제로 거주하는 사람들을, 주민등록통계는 아직 사망등록이 되지 않은 모든 사람들을 집계한다. 이 행정통계에 따르면 2017년 현재 이미 100세인은 1만 7850명이나 되고, 이 중 77%가 여성이다. 다만 100세가 넘는 초고령자들의 주민등록이 제대로 정비가 안 된 상태라 이를 액면 그대로 받아들이기는 무리가 있을지 모른다. 여하튼 직접 생존이 확

(명)

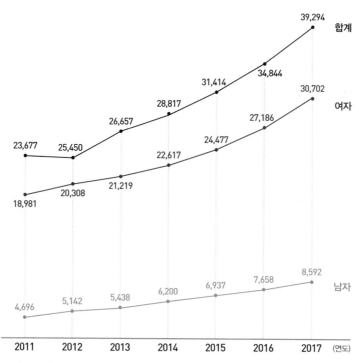

〈도표 19〉 주민등록 통계에 따른 연도별 95~99세 인구 추이 (출처 : 통계청 KOSIS)

인된 센서스 통계를 따르든 아니면 주민등록상 생존한 것으로 나타난 통계를 따르든, 100세인이 가파르게 증가하고 있다는 것은 확실하다.

이처럼 오래 살게 되면서 한국사회의 고령화 속도 또한 빨라지고 있다. 2017년에 우리나라에서 65세 이상 고령인구가 차지하는 비중이 14%였다. 이것만으로도 이미 고령사회에 진입했는데, 2020년부터는 고령인구가 더 급격히 증가할 것으로 보인다. 1955년 이후 출생한 베이비부머 세대가 이 연령대에 들어서기 때문이다. 2017년과 2018년에 65세가 된 인구는 각각 52만 명 정도였다. 그런데 2020년에는 68만 명이 65세를 맞게 되며, 2025년 즈음에는 85만 명 이상이 고령인구에 들어서게 된다.

〈도표 21〉은 한국에 거주하는 내국인 60~65세 인구의 크기가

(명)

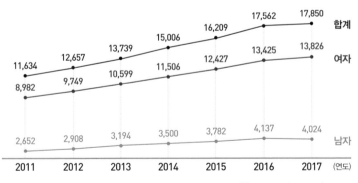

〈도표 20〉 주민등록 통계에 따른 100세 이상 인구 추이 (출처 : 통계청 KOSIS)

앞으로 어떻게 변화할 것인지를 추계한 것이다. 현재 우리나라 임금근로자의 정년 연령은 만 60세다. 2016년에 정년을 맞아 은퇴한 인구는 약 68만 명이다. 2018년에는 이 수가 74만 6000명으로 증가한다. 58년 개띠 인구가 만 60세가 되기 때문이다. 이들이 고령자(65세)가 되는 때는 2023년으로, 그 크기는 약 72만 6000명에 달할 것이다. 한편 도표에서 보듯 60세 연령대가 가장 커지는 시기는 2021년으로 약 89만 명(1961년생)이 이 연령대에 진입한다. 이후 이 연령대에 진입하는 인구가 다소 줄지만 다시 2028년부터 2034년까지 매년 평균 85만 명 즈음으로 유지될 것으로 보인다.

65세 이상 고령자는 기본적으로 사회적 비용지출의 대상이다. 국민연금이나 건강보장 등 고령자로서 얻게 되는 각종 혜택은 모두 사회적 비용으로 충당된다. 지금도 국민연금이 몇 년 후 고갈된다는 소문이 돌고 있는데, 고령자로 진입하는 인구가 매년 65

	2016년	2017년	2018년	2019년	2020년	2021년	2022년	2023년	2024년	2025년
60세	677	731	746	789	877	888	822	792	752	800
61세	688	674	728	742	785	873	884	818	789	749
62세	581	685	670	724	739	781	869	881	815	786
63세	508	578	681	667	720	745	777	864	876	811
64세	554	505	574	677	663	716	731	773	860	871
65세	411	550	502	571	673	659	712	726	768	855

〈도표 21〉 60~65세 인구 추계 (단위 : 천 명)

만 명을 넘어 80만 명 이상이 되면 사회적 비용부담은 감당할 수 없을 만큼 커진다. 불과 5~10년 안에 일어날 일이다. 그때가 되면 사회는 고령자들의 은퇴시기를 늦추고 노동 참여를 지속하는 방안을 고려할 수밖에 없다. 지금도 임금피크제 등의 보완책을 시행하고 있는데, 앞으로 더 유연한 형태의 임금 및 직급체계가 생겨날 가능성이 크다.

국가나 기업 단위뿐 아니라 개인 단위의 가구에서도 고령화가 나타난다. 앞에서 언급했다시피 최근 1인 가구가 크게 증가하고 있으며, 고령 1인 가구가 특히 눈에 띄게 늘고 있다. 통계청에 따르면 2025년에는 전체 1~2인 가구 중 고령자 가구의 비중이 65% 이상이 될 거라 한다. 30~40대 1~2인 가구는 소비를 활발히 하지만, 고령자들은 경제활동을 줄이는 경향이 뚜렷하기 때문에 이들 1~2인 가구가 소비시장에서 활발한 수요자가 될 가능성은 크지 않다.

	2026년	2027년	2028년	2029년	2030년	2031년	2032년	2033년	2034년
60세	779	794	864	866	853	883	829	829	818
61세	797	776	791	861	863	850	880	827	826
62세	746	794	773	788	857	859	847	877	824
63세	782	743	790	770	785	854	856	844	873
64세	806	778	739	786	766	781	850	852	840
65세	866	802	774	735	782	762	777	846	848

〈도표 21〉 60~65세 인구 추계 (단위 : 천 명)

질병 부담 급증

　나 홀로 고령자가 크게 증가한다는 것은 가족이 더 이상 전통적인 기능을 담당하지 못하게 된다는 것을 의미한다. 특히 나이 들수록 중요해지는 '돌봄' 기능을 가족이 해주지 못하게 되어 건강을 해치기 쉽다.

　과거처럼 대부분의 사람들이 결혼하고, 자녀를 두고, 가족과 함께 살 때에는 집에서 건강한 식사를 하고, 가족끼리 알아서 건강을 챙기고, 간혹 아프면 가족이 병원에 데려가고 간병했다. 그러나 이제 이런 상식이 깨지고 있다. 흔히 혼자 사는 사람들은 아플 때 가장 서럽다고 하는데, 돌봐주는 사람이 없어서 그러는 것 아니겠나. 그런데 최근 늘어나고 있는 1인 가구의 절반 이상이 아프기 쉬운 고령자 가구다. 이들이 젊었을 때만 해도 한국사회는 누구나 다 결혼을 해야 했으니, 이들은 누군가와 함께 살다가 고령이 되어 혼자됐을 것이다.

　혼자 사는 사람이 가족과 함께 사는 사람에 비해 건강하지 않다는 것은 이미 잘 알려진 사실이다. 아파도 돌봐주고 챙겨줄 사람이 없으니 스스로 건강관리를 하거나 사회가 도와줘야 한다. 만일 혼자 사는 사람이 많아지고, 더구나 그중 다수가 고령자라면 사회적 측면에서 질병에 대한 부담은 커질 수밖에 없다.

　그렇다면 우리는 노인이 되었을 때 얼마나 건강하게 살까? 이런 것도 통계청이 어느 정도 예측해두었다. 1972년생 남자인 나는 별일 없으면 87세까지는 산다고 한다. 아마 건강에 조금만 신경을 쓰면 90세는 단숨에 넘을 것이다. 고령사회인 오늘날 남자의 기대수명이 79세이니 현재 노인분들보다 거의 10년은 더 산다는 뜻이다. 교수직은 정년이 65세이므로 은퇴하고도 25년 가까이 더 살아야 한다. 그때가 되면 내가 잘 살 수 있을까? 아직 닥치지 않은 미래이니 별 감흥이 없을지 모르겠지만, 200만 원도 안 되는 연금을 받고 살 수 있는지 물어보면 사태의 심각성을 느끼게 될 것이다. 아이들 키우느라 노후 준비를 하지 못한 채 수입이 절반 이하로 줄어들면 삶의 질이 떨어질 수밖에 없다. 일본에서 사회문제가 되었던 '하류노인화'가 우리나라에서도 일어날 수 있다는 것이다.

하류노인, 생각만 해도 암울한 미래다. 그런데 여기서 중요한 포인트가 하나 있다. 설령 수입이 줄지 않는다 해도 그것만으로 따뜻한 노년이 보장되지는 않는다는 것이나. 하류노인이 되는 굉장히 중요한 조건이 하나 있는데, 바로 '아프면'이다. 한 번 아프면 돈이 많이 나가니 웬만큼 노후 준비를 해놓아도 빈곤을 피하기 어렵다.

이미 통계가 나와 있는데, 현재 우리 국민들은 본인이 평생 쓰는 의료비의 거의 32%를 70~85세 사이에 지출한다. 한국보건산업진흥원이 국민건강보험자료를 토대로 2011년에 지출된 의료비를 분석한 결과에 따르면 평생 남자는 약 1억 원, 여자는 약 1억 2000만 원을 의료비로 지출한다. 그중 70세부터 15년 동안 남녀

성별	연령	연령대별 의료비	상대생애의료비
남자	0	13,010,477원	12.8%
	20	8,541,200원	8.4%
	40	7,143,999원	7.0%
	50	21,703,742원	21.3%
	65	10,695,940원	10.5%
	70	11,746,492원	11.5%
	75	11,238,077원	11.0%
	80	9,418,712원	9.3%
	85	7,754,966원	7.6%
	95	520,448원	0.5%
계		101,774,053원	100.0%
여자	0	11,414,522원	9.3%
	20	11,960,845원	9.7%
	40	7,965,884원	6.5%
	50	23,562,917원	19.1%
	65	11,691,079원	9.5%
	70	13,545,108원	11.0%
	75	14,126,769원	11.5%
	80	12,989,403원	10.5%
	85	14,525,985원	11.8%
	95	1,534,278원	1.2%
계		123,316,790원	100.0%

〈도표 22〉 연령대별 의료비 및 지출 비중 (출처 : 한국보건산업진흥원, 보건산업 브리프)

모두 3000만 원이 넘는 돈을 의료비로 쓴다. 물론 국민건강보험이 있지만 그것으로 충분하지 않다는 것은 누구나 다 안다.[3]

우리가 몇 살까지 건강하게 살지 예측해놓은 것이 '건강기대수명'이다. 일반적인 기대수명에서 건강기대수명을 빼면, 죽기 전까지 우리가 몇 년이나 아플지 가늠할 수 있다.

한국건강증진개발원은 WHO가 2016년 발표한 세계 건강통계를 인용해 지난 2015년 기준 한국인의 기대수명은 82.1세, 건강수명은 73.2세라고 발표했다. 국민 대다수가 73세를 넘기면 질병이나 사고로 약 9년간 아프게 지내다 생을 마감한다는 얘기다.[4]

실제로 100세시대라 하지만 100세를 맞은 분들이 모두 건강한 삶을 누리는 것은 결코 아니다. 2015년 전수조사로 확인한 결과 100세인 상당수가 요양원에서 연명치료를 받고 있었다. 즉 수명만 길어졌을 뿐 건강기대수명이 늘어난 것은 아니라는 것이다.

병상에서 9년이나 누워 있다가 생을 마감한다고 생각하면 새삼 암울하고 서글퍼진다. 기대수명과 건강기대수명의 간극을 줄이려면 늙기 전에 미리 건강관리를 해두어야 한다. 중년의 건강관리는 고령자가 됐을 때의 건강상태와 직결되는데, 마침 오늘날의 중년이 우리나라 인구 중 가장 많은 수를 차지하는 베이비부머 1세대(1955~64년생)다. 현재 이들 세대에서 1인 가구 비중이 높아지고 있다. 이들이 건강관리를 어떻게 하는지에 따라 20~30년 후 사회적 질병 부담이 가벼워질 수도, 무거워질 수도 있다. 물론 이 비용은 고스란히 이들 자녀 세대의 부담이 될 것이다.

미래 사회에 영향을 미칠 마지막 인구현상은 외국인 유입의 축 소다.

우리보다 앞서 고령화와 저출산 문제를 겪은 이탈리아, 독일, 스페인 등이 인구구조를 그나마 안정적으로 유지할 수 있었던 것

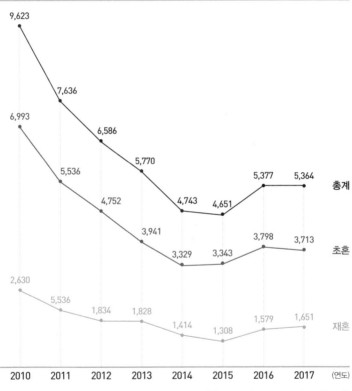

〈도표 23〉 베트남 여성과 한국 남성의 혼인 건수 추이 (출처 : 통계청 KOSIS, 인구동향조사)

은 외국인들이 많이 들어온 덕분이었다. 사실 우리나라처럼 급격하지 않는 한 웬만한 인구변동은 외국인 유입 등의 인구이동으로 어느 정도 보완할 수 있다. 가장 대표적인 예가 미국이다. 현재 미국의 백인 인구 출산율이 많이 떨어진 상태이지만 전체 인구는 되레 늘고 있다. 중남미에서 유입된 히스패닉 인구가 백인 인구의 공백을 메워주고 있기 때문이다. 우리도 인구가 줄어서 걱정이라

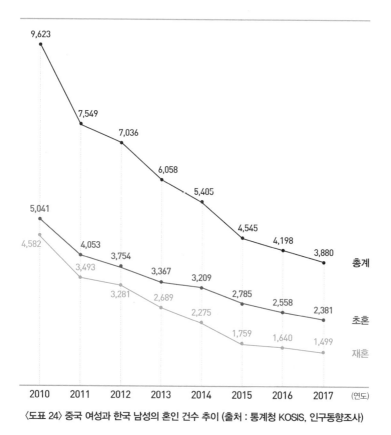

〈도표 24〉 중국 여성과 한국 남성의 혼인 건수 추이 (출처 : 통계청 KOSIS, 인구동향조사)

면 미국이나 유럽 국가처럼 해외인구를 받아들이면 되지 않을까?

하지만 외국인 유입에 대한 전망은 낙관적이지 않다. 과거처럼 우리가 외국인을 배척해서가 아니라, 받고 싶어도 오지 않기 때문이다. 2015년에 인구센서스를 실시해보니 2010년 이후 이주민의 수가 크게 줄었다는 사실을 확인할 수 있었다. 또한 추세로 예측해볼 때, 우리나라에 거주하는 외국인이 지금보다 늘어날 가능성은 높지 않다.

우선 혼인을 목적으로 이주하는 외국 여성이 크게 줄었다. 이는 우리나라의 비혼 인구 자체가 증가한 것과 무관하지 않다. 2010년에 결혼을 위해 한국에 온 여성은 2만 6300명이었는데, 2015년에는 1만 4000여 명으로 급감했다. 우리나라에 혼인을 목적으로 이주해오는 외국인 여성은 베트남과 '조선족' 즉 중국동포가 가장 많은데, 베트남 여성과 주로 결혼했던 농촌 총각이 크게 줄었다(〈도표 23〉 참조). 상대적으로 재혼 비율이 높았던 조선족 또한 마찬가지다(〈도표 24〉 참조). 이 같은 추세대로라면 앞으로 베트남과 조선족 여성의 유입은 더 줄어들 가능성이 크다. 여기에 돈을 벌기 위해 국내에 들어오는 조선족 역시 줄어들고 있다.

지금까지 살펴본 인구변동의 8가지 요소는 앞으로 우리 사회에 드라마틱한 변화를 낳을 것이다. 인구변동은 태양이 뜨고 지는 것처럼 우리 삶에 스며들어 있기에 좀처럼 실감하기 어렵다. 그렇다고 해서 지금 대비하는 노력을 소홀히 한다면 큰 재앙이 닥칠 수 있다.

과거에는 기업이 시장을 바라볼 때 판단의 기준을 현재 혹은 과거로 두었다. 그동안은 그래도 되었다. 인구가 큰 변화 없이 상수常數와 같았기 때문이다. 그러나 이제는 인구가 변화하고 있다. 단순히 태어나는 아이의 수가 줄고 고령자가 많아지는 것을 넘어서는 변화인데, 그것도 아직까지 한 번도 경험해보지 못한 수준이다. 이제는 판단의 기준을 미래로 놓아야 한다. 우리나라 인구, 나아가 세계 인구를 볼 수 있어야 한다. 또한 숫자 자체가 아니라 그것이 의미하는 바가 무엇인지 읽을 수 있어야 한다.

2부에서는 인구변화가 각 산업에 어떤 영향을 미치게 될지 구체적으로 해석해볼 것이다. 그 안에 어떤 위험요인이 있는지 찾아내 보자. 나아가 기왕이면 새로운 기회도 발굴해보자.

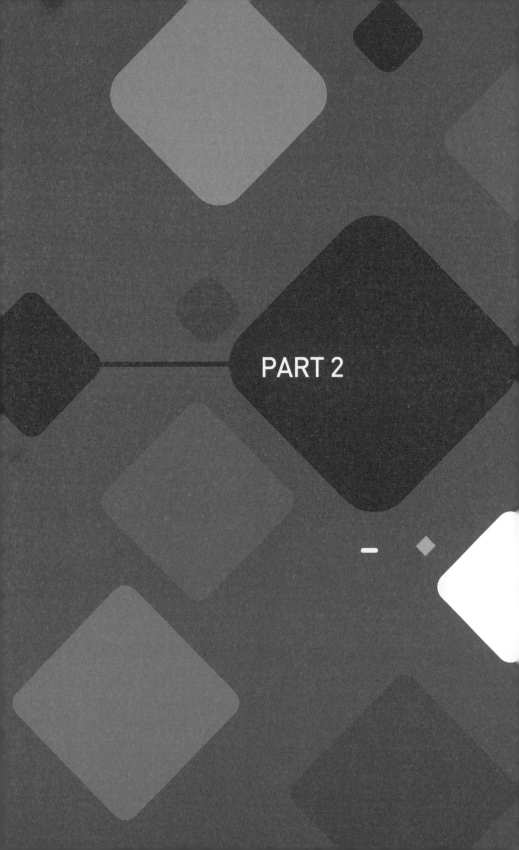
PART 2

작아지는 시장,
새로운 기회를 찾아라

개념의 전환, 더 이상 고급은 없다

백화점에 고급스러움을 요구하는 고객층은
은퇴 등의 이유로 대거 빠져나갈 것이다.
그 자리를 대신해야 할 인구 집단은 이전 고객들과는
전혀 다른 소비 패턴을 보이고 있다.

[백화점]

▶▷▷ TV 드라마의 영향 때문일까? 나는 '백화점'이라 하면 까만 선글라스에 두터운 모피 코트, 명품 백을 걸친 중년 여성이 먼저 떠오른다. 그런데 이게 나만의 선입견은 아니었던 듯하다. 모 백화점에 자문하는 과정에서 알아보니 백화점에서 판매되는 제품 중 객단가가 높은 품목의 주 소비자는 소위 '사모님' 소리를 듣는 50대 여성이었다.

어느 정도 경제력을 갖춘 50대 여성들에게 백화점이란 일종의 지위를 과시하는 용도로, 이들 머릿속엔 '백화점=고급'이라는 인식이 있다. 그간 백화점은 이들을 대상으로 제품 선정부터 홍보, 디스플레이까지 고급화함으로써 차별화된 서비스를 제공하는 전략을 펼쳐왔다. 간혹 홈쇼핑이나 일반 상점에서 판매원들이 '이거 백화점에 입점된 거예요'라고 홍보하는데, 이는 곧 '이거 고급이에요'라는 뜻이다. 백화점에 들어가면 일단 고급인 것이고 믿을 수 있는 것이다. 일종의 보증수표다.

그러나 20대에게는 '백화점 입점 상품'이라는 말이 별로 효과가 없다. 백화점의 차별화 포인트인 '고급스럽고 믿을 수 있는'이라는 수식어가 통하지 않는 소비자들이 생긴 것이다. 이러한 경향은 앞으로 더욱 심화될 것이다.

바쁘고, 혼자 살고, 직구하고… 백화점에 갈 이유가 사라진다

백화점 산업의 미래에 영향을 미칠 대표적인 인구현상은 가구의 변화다. 가구원은 줄어들고 가구 수는 증가하는 현상이다. 이와 함께 50대 인구가 증가하는 점, 인구가 대도시로 집중되고 있다는 점, 결혼하지 않은 비혼 인구가 늘고 있다는 점도 주목해야한다.

현재 청년 세대에는 1~2인 가구가 대세로 여겨질 만큼 보편화되었는데, 이들은 백화점을 주로 찾는 50대와는 전혀 다른 소비 패턴을 보인다. 백화점 주 고객층인 50대 여성에게 '백화점 입점 상품'이라는 말은 상당한 유인 효과가 있었지만, 지갑이 얇고 합리적인 소비를 지향하는 젊은 층에게는 그다지 매력적이지 않다. 더욱이 20대는 온라인 쇼핑에 익숙한 세대로, 나이 들어도 백화점을 찾을 가능성은 높지 않다. 굳이 소비 채널을 바꿀 이유가 없기 때문이다. 이는 30대도 마찬가지다.

그래도 경제력을 갖춘 40대가 50대가 되면 백화점에서 구매할 가능성이 있지 않을까? 이 역시 가능성은 희박하다. 왜 그런가 하면, 50대에 퇴직하는 사람이 많기 때문이다. 정년은 만 60세이지만 희망퇴직 명목으로 직장에서 물러나는 50대가 이미 부지기수아닌가. 평생직장 개념이 있을 때에는 50대가 40대보다 소득이 컸으니 백화점 이용도 가능했지만, 지금은 40대 때보다 가처분소득이 줄어든 50대가 적지 않다. 결혼과 함께 직장생활을 그만둔

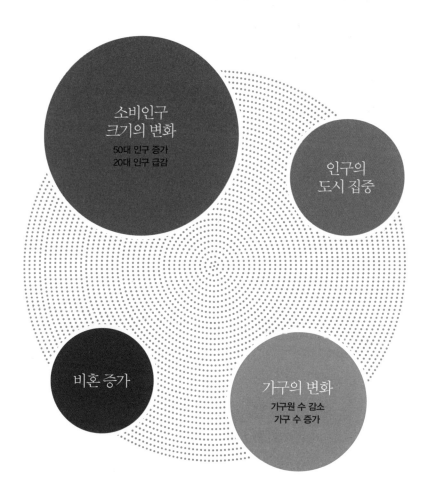

소비인구
크기의 변화
50대 인구 증가
20대 인구 급감

인구의
도시 집중

비혼 증가

가구의 변화
가구원 수 감소
가구 수 증가

[백화점 산업의 미래를 결정할 인구현상]

50대 여성들은 남편의 소득이 줄면 소비를 많이 할 수가 없다. 고급 백화점과는 그 길로 이별이다. 지방 중소도시일수록 이런 경향이 더 심하게 나타난다. 지역 백화점의 주요 구매자들은 남편이 지방 소재 기업의 임직원인 경우가 많은데, 이들은 남편의 은퇴와 함께 백화점 방문을 그만둔다. 습관처럼 백화점에 가더라도 예전처럼 소비를 하지는 않는다.

그렇다면 직접 돈을 버는 40대 여성들은 백화점에 자주 갈까? 그러나 이들은 사회생활하는 내내 '나'로 인정받고 살아왔기 때문에 (남편이 벌어다준 돈을 쓰는 것 같은) '사모님 대접'을 달가워하지 않으며, 50대가 되어도 그럴 가능성이 높다. 무엇보다 돈은 있지만 시간이 없다. 낮에는 일하고 퇴근 후에는 백화점도 문을 닫으니 평일에는 백화점에 갈 시간이 없다. 그렇다면 주말에 갈까? 그렇지도 않다. 이들은 해외 경험이 많아 고가품을 살 때에는 출장이나 여행 중에 사거나 면세점을 이용하곤 한다. 여러 모로 지금의 50대와는 다른 소비 패턴을 보인다는 것이다.

이렇듯 미래 잠재고객이 될 연령층에서 노동 참여도와 해외 경험 빈도가 높다는 것은 백화점에는 그리 유리하지 않은 조건이다. 더욱이 지금의 30대는 지금의 40대보다 더 사회생활을 많이 하고, 해외에 더 자주 나가니 객단가 높은 비싼 명품은 해외에 나갈 때 구매할 리스트에 일찌감치 들어간다. 당장 구하고 싶다면? 해외 직구를 하면 된다.

비혼 증가 또한 백화점으로서는 반갑지 않은 소식이다. 결혼 시즌이 되면 백화점 건물 전체를 훑으며 혼수를 장만하는 이들을 심심찮게 볼 수 있었다. 하지만 지금은 결혼 자체를 하지 않으니 혼수를 장만할 일이 없고, 혼자 독립해 사는 사람들은 굳이 백화점에서 비싼 가구를 사지 않는다.

백화점 업계가 주목해야 할 또 하나의 인구현상은 지방 중소도시의 인구 감소다. 최근 많은 백화점이 지방도시에 출점했는데, 상당수가 고전을 면치 못하고 있다. 특히 젊은 인구가 수도권으로 몰리는 현상은 중소도시 백화점에 치명타다. 20~30대가 백화점의 주 고객층은 아닐지 몰라도, 이들 젊은 층이 많아야 전반적인 산업이 활성화되고 도시가 성장할 수 있다. 큰돈을 들여 부지를 마련하고 건물을 올렸는데, 미래 주축인구가 줄어들고 있으니 지방 백화점의 미래를 낙관하기 조심스러운 것이다.

'백화(百貨)'를 버리고 새로운 개념을 구축하라

이렇듯 인구변동으로 볼 때 백화점 산업의 미래는 그리 낙관적이지 않다. 노동 시장이 획기적으로 변화해 50~60대의 실소득이 은퇴 후에도 크게 줄지 않는다면 모를까. 그런데도 '오던 사람들은 계속 오겠지' 하고 안이하게 있다가는 위기를 맞을 수밖에 없다. 백화점의 생존을 위해서는 새로운 전략이 필요하다.

본질적으로 고민해야 하는 지점은 '핵심고객'이다. 미래의 50

대 여성을 백화점 핵심고객으로 만들 방안이 없다면 다른 고객층으로 변화 혹은 확장해야 한다. 결혼하지 않고 혼자 사는, 말 그대로 '부동자산'인 집에 대한 투자보다는 현재의 본인을 위해 투자하고 있는 30대 중반~40대를 주된 고객으로 바꾸어보면 어떨까?

이를 위해 가장 시급한 것은 컨셉의 재정립이다. 기존의 백화점은 '모든 것이 다 있는 곳'이었다. 그런데, 꼭 그래야 하나? 백화점에 가보면 지하 식품매장을 시작으로 층별로 화장품, 패션잡화, 의류, 가전제품, 생활용품, 가구 등 거의 모든 소비재가 총망라돼 있다. 지금까지는 이 많은 것을 열심히 사주는 소비자가 존재했다. 층층이 다니며 혼수를 사들이는 사람들과, 명절 때마다 고가 선물세트를 쓸어담는 기업 고객이 있던 시절 얘기다. 하지만 지금은 어디 그런가. 더욱이 예전에는 백화점에 가야 구경할 수 있었던 명품 브랜드를 이제는 어디서든 구할 수 있다. 이렇듯 굳이 백화점을 찾아야 할 이유가 사라지는 지금, 모든 소비재를 취급한다는 기존의 백화점 공식을 고집할 필요가 없다.

그런 의미에서 '모든 사람을 겨냥한 명품'이라는 기존 개념을 재고할 필요가 있다. 사실 '명품'을 '모든 이에게' 판다는 것 자체가 모순 아닌가. 앞서 설명했듯 백화점의 주 고객인 50대 여성은 평일 낮 시간에 백화점을 찾는다. 반면 젊은 층은 주로 주말에 백화점을 찾는데, 쇼핑이 아니라 식사나 데이트가 목적이다. 혹은 아이를 데리고 문화센터에 온다. 이들이 주중에도 오게 할 수는 없을까? 이를테면, 기존의 매장 기능을 나누는 것은 어떨까? 상설

매장에서 하루 종일 같은 제품을 판매할 것이 아니라 일정 시간
동안 팝업 매장 형태로 운영하거나, 저녁에는 젊은 사람들을 위한
놀이터로 운영하는 식으로 말이다. 모든 것을 진열할 이유가 없는
만큼 구역department에 대한 개념도 재정립될 것이다. 이를 통해 기
존 50대 고객 외의 연령대로 확장할 수 있지 않을까?

물론 이는 어디까지나 제안일 뿐, 실행에 옮기는 데에는 보다
철저한 조사와 전략이 따라야 할 것이다. 그러나 어떤 방법이 되
었든 기존 백화점 개념을 탈피하고, 50대 이하의 신규 고객을 새
롭게 끌어들이고 그들의 욕구를 충족시킬 만한 새로운 전략을 모
색해야 하는 것은 분명하다. 어떤 형태로든 이런 시도는 백화점의
구조를 본질적으로 개선하는 작업이 될 것이다.

인구학자가 제안하는 백화점의 미래시장·미래전략
Reset the Concept

▶ '모두를 위한 럭셔리(Luxury for everybody)'라는
　기존 컨셉을 다시 생각하자.

▶ 평일 낮 시간 매장 활용법을 고민하자.

▶ 40대가 백화점을 찾게 할 방법을 고민하자.

▶ 젊은 싱글을 위한 놀이공간이 되자.

럭셔리,
포기하지
말고
다각화하라

정확한 호텔 산업의 미래시장 예측을 위해서는
우선 상수(常數)로 작용할 우리나라 인구변동부터 살펴야 한다.
내수시장이 줄어든다고 하지만 인구학적인 측면에서
국내 호텔 산업의 미래는 마냥 부정적이지만은 않기 때문이다.

[호텔]

▶▷▷ 지난 2017년, 주요 경제신문에서 호텔 산업의 위기를 심층 분석한 기사를 본 적이 있다.[5] 외래 관광객 1000만 명 시대를 맞은 2012년부터 2016년까지 한시적으로 시행된 '관광숙박시설 확충을 위한 특별법'으로 호텔 건축이 크게 늘었는데, 정부의 잘못된 예측으로 공급 과잉이 초래됐다는 것이었다. 당초 특별법이 시행되었을 때에는 외국인 관광객 2000만 명 시대를 대비해 부족한 국내 숙박시설을 확충한다는 것이 목적이었지만, 정작 전체 호텔 공급 현황은 정확히 파악하지 않았다는 점이 지적됐다. 수요 대비 공급 과잉 현상이 수익률 악화로 이어지는 가운데, 에어비앤비 등 대체 숙박시설이 인기를 누리면서 일반 호텔 매물도 늘고 있다는 설명이었다.

사드나 북핵 문제 등 돌발변수 때문에 외국인 관광객 유치가 여의치 않았다는 이유도 물론 배제할 수 없다. 하지만 '세계 유일의 분단국가'라는 우리나라의 현실은 어제오늘의 일이 아니다. 외국인들이 북한의 위협을 얼마나 심각하게 받아들이는지는 우리도 이미 다 알지 않았나? 그렇다면 최근 한국을 방문하는 외국인이 늘고 있다는 사실에만 주목해 시설 확장에 뛰어든 것이 더 큰 문제가 아니었을까? 특히 중국 여행객의 급감이 심각한데, 사드 관런 상황만 정리되면 이들이 다시 우리나라를 찾을까? 중국인들의 소득수준이 매년 높아지면서 눈높이도 올라가고 있는데, 그들에게 여전히 우리나라가 관광하고 쇼핑하기 좋은 나라일까?

외국인 관광객들은 우리가 통제할 수 있는 대상이 아니다. 물론 수익창출에 없어서는 안 될 중요한 소비층이긴 하지만 외교 문제, 그들의 경제상황 등 변수가 너무 많다. 정확한 미래시장 예측을 위해서는 우선 상수常數로 작용할 우리나라 인구변동부터 살펴야 한다.

국내 인구를 알아야 하는 또 하나의 이유는, 내수시장이 줄어든다고 하지만 인구학적 측면에서 국내 호텔 산업의 미래가 마냥 부정적이지만은 않기 때문이다. 인구변동에 맞춰 어떤 전략을 세우느냐에 따라 성장 가능성이 꽤 있다는 얘기다.

돈이 없어도 여가에는 돈을 쓴다

호텔 산업의 미래에 영향을 줄 인구현상에는 어떤 것이 있을까?

가장 먼저 가구의 변화를 들 수 있다. 4인 가구에서 1~2인 가구로, 가구원 수는 줄어드는 반면 가구 수 자체는 늘고 있다. 이 변화가 호텔 산업에 어떤 영향을 미친다는 걸까? 과거 4인 가구가 많았던 시절에 사람들이 주로 찾는 숙박업소는 콘도였다. 친구들끼리 여행을 가더라도 호텔보다는 펜션을 선호했다. 가장 큰 이유는

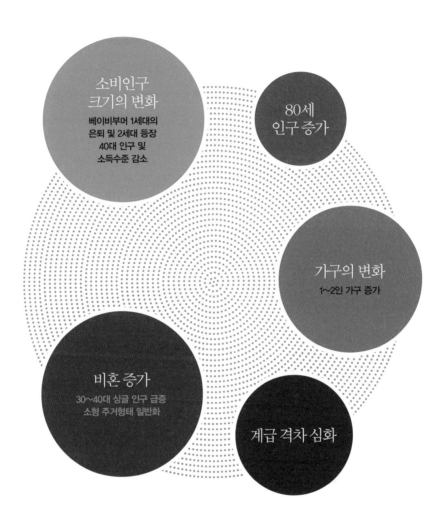

소비인구
크기의 변화
베이비부머 1세대의
은퇴 및 2세대 등장
40대 인구 및
소득수준 감소

80세
인구 증가

가구의 변화
1~2인 가구 증가

비혼 증가
30~40대 싱글 인구 급증
소형 주거형태 일반화

계급 격차 심화

[호텔 산업의 미래를 결정할 인구현상]

작아지는 시장, 새로운 기회를 찾아라

음식을 조리할 수 있기 때문이었다. 하지만 1~2인 가구가 대세인 지금, 집에서도 안 하는 밥을 밖에서 할까? 더욱이 1~2인 가구가 많다는 것은 비혼으로 혼자 살거나, 부부가 아이 없이 사는 경우가 많다는 뜻이다. 양육비, 교육비 부담이 없는 만큼 경제적 여유도 있다. 그러니 당연히 더 고급스러운 잠자리와 식사를 찾을 것이다.

둘째, 소비 인구의 크기가 달라지고 있다. 호텔의 주요 이용객이었던 베이비부머 1세대가 은퇴를 시작했다. 그들은 예전만큼 호텔에서 돈을 쓰지 않을 것이다. 하지만 이들을 대신할 베이비부머 2세대가 있다. 1968~74년에 태어난 이들은 심지어 1세대보다 규모가 더 크다. 물론 이들의 소비성향이 베이비부머 1세대와 똑같을 수는 없다. 단적으로 이들은 무조건 고급만 지향하지 않는다. 하지만 어느 정도 사회적 성취를 거둔 집단이므로 고급 행사나 모임이 있을 때에는 호텔을 선호할 가능성이 크다. 베이비부머 1세대가 빠져나간다고 해서 당장 호텔 시장의 소비규모가 축소되지 않는 이유다. 단, 장기적으로 볼 때는 40대 인구가 점점 줄어든다는 점을 고려해야 한다.

셋째, 계급 격차가 심화되고 있다는 점도 유념해야 한다. 과거 연공서열식으로 직급에 따라 소득이 올라가던 공식은 깨질 것이므로 호텔을 이용할 만큼의 경제적 여유가 있는 40~50대는 점점 줄어들 것이다. 더욱이 노후 준비가 되지 않은 은퇴자들이 많다는 것도 심각한 문제다. 50~69세 은퇴자 및 은퇴예정자를 대상으로 한 금융사가 실시한 설문에서 은퇴자 54.3%, 은퇴예정자 52.4% 가 '노후자금 마련을 위해 더 저축하지 못한 것'을 가장 후회한다 고 응답했다.6) 안 그래도 교육비 부담이 커서 노후 준비를 미뤄둔 이들이 많은데, 엎친 데 덮친 격으로 직장에서 밀려난 명예퇴직자 가 늘었기 때문이다.

이처럼 노후대책이 부실한 은퇴자들은 결국 노동 시장으로 돌 아올 수밖에 없다. 이들 때문에 노동 시장은 갈수록 유연해질 것 이며, 같은 중년층 안에서도 능력에 따른 소득격차가 더욱 심화될 것이다.

그러나 명심할 것이 있다. 전체적으로 소득이 하향평준화된다 고 해서 모든 이들의 소득이 낮아지는 것은 아니다. 그러므로 양 극화가 호텔 비즈니스에 직격탄이 되는 것은 아니다. 호텔 예식의 경우, 혼인 인구 감소로 예식 사업 규모는 축소되겠지만 최상위층 을 위한 고급 호텔 예식 시장은 어느 정도 유지될 것이다. 다만 대 규모 하객을 수용할 특급 홀의 크기를 조금 줄일 필요는 있을 것 이다. 어찌됐든 대다수 서민에게는 문턱이 더욱 높게 느껴질 수밖 에 없다.

넷째, 80세를 맞이하는 인구가 크게 증가하고 있다. 많은 분들 이 만 60세를 기념하던 '환갑 잔치'를 기억하실 거다. 1990년대 까지만 해도 환갑 잔치는 집안 모임이자 동시에 마을잔치였다. 당 시 주요 버스정류장의 단골 이름이었던 'ㅇㅇ컨벤션'이 환갑 잔 치의 주무대였다. 그러다 사람들이 오래 살기 시작하면서 환갑 잔

치는 없어진 지 오래고(동시에 ○○컨벤션도 사라진 곳이 많고) 요즘에
는 칠순조차 거창하게 기념하지 않게 되었다. 그렇다면 이제 가족
들이 고령 부모님의 생신을 특별히 기념하는 행사가 완전히 사라
진 것일까?

그렇지 않다. 팔순 잔치가 과거의 환갑 잔치를 대체하기 시작했
다. 현재 우리나라 남성들의 평균수명은 79세, 여성은 84세. 남
성에게는 평균수명을 넘어선 나이라는 점에서, 여성에게도 건강
한 노년을 보내는 증거라는 점에서 여든은 기념할 만하다. 그런데
이런 개념적 중요성보다 더욱 중요한 인구학적 사실이 있다. 바로
팔순 부모들의 자녀 연령이다. 최근 팔순을 맞은 고령자들의 자녀
는 대개 40대 후반~50대 중반이다. 경제활동을 가장 활발히 하고
소득도 높을 시기다. 거기에 이들이 태어났던 1960년대는 출산율
이 4.0 수준이었다. 가장 소득이 높은 연령대 형제자매가 3~4명
인 경우, 부모의 팔순을 각별히 기념하는 것은 매우 당연하다. 따
라서 팔순 잔치는 아무래도 좀 '고급진' 곳에서 해드리려 한다.
바로 호텔이 그곳이다. 2018년 팔순을 맞은 분들이 약 24만 명이
고, 2022년이 되면 약 32만 명이 팔순 잔치, 아니 가족 모임의 대
상이 된다.

마지막으로 살펴볼 인구현상은 비혼 증가다. 특히 30~40대에
서 미혼 및 이혼율이 높아지고 있다는 점을 주목해야 한다. 혼자
사는 사람이 늘어난다는 것은 과거에 비해 거주지 크기가 작아진
다는 것을 의미한다. 아이가 없으니 굳이 큰 집이 필요 없고, 대신

필요에 따라 얼마든지 자유롭게 이동할 수 있다. 부양 부담이 없으니 소득은 줄어도 경제적 여유가 있다. 과거에 비해 집에 머무는 시간이 줄어드는 것은 당연하다. 해외가 아니더라도 주말에 온전한 휴식을 위해 또는 색다른 분위기를 느끼기 위해 호텔을 찾을 수 있지 않을까?

럭셔리 이외의 서비스를 개발하라

통계청의 가계동향조사에 따르면 음식·숙박비 지출은 갈수록 늘고 있다. 여기에 하나 더 생각할 점은, 앞에서 보았듯이 같은 연령대라도 기혼자와 미혼자의 소비 패턴이 전혀 다르다는 점이다. 호텔을 찾는 이용객의 소비성향도 이에 따라 확연히 차이 나므로, 별도의 멤버십을 마련하는 등 각기 다른 상품을 제공할 필요가 있다. 서비스를 다원화하는 것이다.

(비록 일부이지만) 경제력을 갖춘 은퇴 인구에게는 여전히 호텔 특유의 고품격 서비스가 매력적인 상품이 된다. 반면 이들의 뒤를 따르는 베이비부머 2세대는 1세대에 비해 상대적으로 합리적인 소비를 하며 자기 취향도 확실하다. 그러므로 이들을 붙잡으려면 좀 더 실용적인 서비스를 제공할 필요가 있다. 굳이 고급화로 무장할 필요가 없다는 얘기다. 그보다는 차별화된 공간 디자인이나 스마트 기술을 서비스에 접목하는 등 호텔의 개성을 잘 살려 브랜

드화하는 편이 만족도를 높일 것이다.

또 하나 생각해볼 점은 30대 전문직 싱글들을 위한 상품이다. 이들을 필두로 한 젊은 1~2인 가구는 여가활동을 집 밖에서 한다. 일단 집이 좁아서 뭐든 집에서는 불편하다는 이유도 있다. 물론 베이비부머 세대처럼 수입이 많지는 않지만, 대신 아이가 없다. 소득이 적어도 자신을 위해 돈 쓸 준비가 되어 있다는 얘기다. 거주지는 작은데 돈은 좀 있는 사람들은 집 안에서 즐길 수 없는 여가 활동을 위해 호텔을 찾을 수도 있다. 이들이 즐겁게 한때를 보낼 수 있는 놀이터를 조성하면 어떨까? 호텔의 기능을 숙박 공간에 한정하지 말고 다양한 볼거리와 즐길 거리는 물론, 건강이나 미용, 운동 관련 서비스를 제공하는 엔터테인먼트 공간으로 전환하는 것이다. 비숙박 수요를 위한 놀이공간을 만들어줄 수 있다면 호텔 산업의 시장은 젊은 연령층까지 확장될 수 있다.

이렇듯 은퇴한 베이비부머를 비롯해 젊은 싱글족까지 다양한 연령층의 각기 다른 니즈를 수용하려면 객실 서비스부터 다원화해야 한다. 기존의 일원화된 객실 형태로는 소비자들의 다양한 요구를 모두 충족시킬 수 없다. 소규모의 럭셔리 연회장을 운영하는 한편, 젊은 층을 겨냥한 식당과 바bar 등을 신설하는 것도 생각해 볼 수 있겠다.

결국 호텔 산업의 미래는 각 고객 특성에 맞는 서비스를 어떻게 제공하느냐에 달렸다. 명품으로서의 가치를 더욱 강화하는 한편,

다양한 연령대의 소비성향을 분석해 만족스러운 서비스를 제공할 방안을 고민해야 한다. 이를 통해 다양한 상품을 개발할 수 있다면 호텔 산업은 더욱 활기를 띨 수 있을 것이다.

인구학자가 제안하는 호텔 산업의 미래시장·미래전략
Fortify the Luxury & Diversify the Service

▶음식·숙박에 대한 지출은 계속 늘어날 것이다.

▶집이 작아질수록 럭셔리한 오락 및 여가에 대한 욕구는
　더 커질 것이다.

▶상위 계층 은퇴자들의 고급문화 소비는 지속될 것이다.

▶기혼자와 미혼자는 소비 패턴이 다르다.
　이에 맞춰 서비스를 다원화하자.

▶베이비부머 2세대의 합리적 소비성향에 주목하자.

▶30대 싱글 전문직을 위한 놀이터가 되자.

▶다양한 고객의 다양한 욕구를 충족시킬 수 있는
　시스템을 구축하자.

▶팔순 가족모임을 유치하자.

분화와
성장을
동시에
꾀하라

ICT 산업은 다변화면서 성장하고 있는 시장이다.
가끔 관련 기업에 자문을 가면 '시장이 줄어들 것 같으니
임직원들에게 위기의식을 많이 심어달라'는 주문을 받곤 하는데,
그때마다 내 대답은 '결코 그렇지 않다'이다.

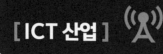 

[ICT 산업]

▶▷▷ 상품과 서비스의 생산·유통·소비 전 과정에서 모든 것이 연결되고 지능화되는 4차 산업혁명의 핵심기술은 인공지능^AI 이다. ICT 산업은 바로 이 AI 기술을 견인할 퍼스트무버^first mover라 할 수 있다. 과거에 없던 신종 전문인력이 가장 많이 등장하는 분야도 ICT 계통이다. 이렇게 성장잠재력이 큰 분야에서 굳이 인구변동을 고려할 필요가 있을까? 실제로 ICT 업계 종사자들을 만나 강의해보면 처음엔 한결같이 '인구변동이 우리와 무슨 상관이냐'는 듯 시큰둥한 표정을 보인다. 하지만 천만의 말씀이다.

이들에게 난 다짜고짜 "앞으로 '58년생 개띠'를 주목해야 한다"고 말한다.

베이비부머가 은퇴한다고 하면 우리는 으레 고령자가 증가하는 줄 안다. 그러나 현재 은퇴시점은 60세이지만 사회 서비스의 대상이 되는 고령자는 65세 이상이다. 게다가 연금은 만 62세가 되어야 나온다. 즉 은퇴해도 1년 넘게 고령자로서 사회적 혜택을 받지 못한다는 뜻이다. 건강은 어떤가. 엄청 좋다. 요즘 60대는 노인 축에 들지도 않는다. 은퇴해도 최소 10년은 건강하게 지낼 텐데, 이들을 고령자라 할 수 있을까? 그렇지 않다.

이것이 무얼 뜻하는가? 이들이 다시 노동 시장에 돌아올 가능성이 매우 크다는 뜻이다. 그것이 재취업이 아닌 창업의 길이라면 사업 파트너로서 ICT가 반드시 필요하다. 직원을 둘 수는 없으니 자기 혼자 힘으로 매장을 운영해야 하는데, 사업이라곤 해본 적 없는 이들이 잘할 리 없다. 결제는 물론이요, 주문을 비롯해 매장운영 전반을 도와줄 네트워크가 있어야 한다. 다행히 이들은 이전 세대에 비해 교육 수준이 높고 컴퓨터도 웬만큼 다룰 줄 안다. 이들에게 제공할 토털솔루션만 갖추고 있다면 ICT 기업들은 가만히 있어도 알아서 수요가 생겨날 것이다. 예전에는 고려하지 않았던 신규 집단이 새로운 소비자층으로 부상할 가능성이 있다는 얘기다.

자, 인구변동이 ICT 산업의 미래에 어떤 영향을 미칠지 조금은 설명이 됐는가? 사물인터넷IoT이니 증강현실이니 해서 온갖 신기술이 분초를 다퉈 쏟아지는 지금, 새 시대에 뒤처지지 않기 위한 기술력 신장은 당연히 중요하다. 하지만 어떤 기술이든 결국 그것을 사용하고 소비하는 것은 사람이다. ICT 산업이라고 예외일 수는 없다.

젊은 은퇴 인구의 움직임에 주목하라

그렇다면 ICT 산업의 미래와 직결된 인구현상에는 어떤 것이 있을까?

첫 번째로 꼽을 것은 가구의 변화다. 가구원 수는 줄어드는데

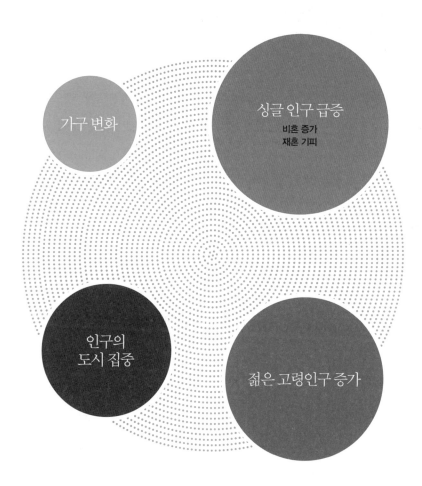

[ICT 산업의 미래를 결정할 인구현상]

가구 수 자체는 증가한다. 한마디로 1~2인 가구가 늘어난다는 것이다. 이미 우리나라는 1인 가구가 대세다. 2000년 인구센서스 당시 가장 빈도가 높았던 가구원 수는 4인 가구였다. 하지만 4인, 3인, 2인, 1인 가구 순이었던 것이 15년 만인 2015년에 정확하게 반대로 역전되었다. 2015년 1인 가구는 약 27%였는데, 앞으로 이 수치는 더욱 증가할 것이다. 통계청은 2025년 1인 가구는 약 32%, 2035년에는 35%까지 증가할 것으로 예측하고 있다.

둘째, 싱글 인구의 급증이다. 우리나라의 일반혼인율은 해가 갈수록 낮아지는 추세이고, 이혼 혹은 사별한 후에 재혼을 해야겠다는 의식도 옅어지고 있다. 이혼 상태를 유지하는 사람도 비혼자라고 봤을 때, 앞으로 한국에서 싱글족의 비율은 점점 더 올라갈 수밖에 없다.

1~2인 가구가 증가하는 중에도 눈에 띄는 것은 젊은 인구가 아닌 고령 1~2인 가구다. 갓 은퇴한 젊은 고령 1~2인 가구가 늘어나고 있다. 더욱이 이제 58년 개띠를 필두로 한 베이비부머들의 대규모 은퇴가 시작되고 있다.

이는 ICT 산업이 주목해야 할 인구현상인 '젊은 고령인구의 증가'로 이어진다. 2018년에 60세가 되어 정년 이후의 삶을 경험하는 인구는 약 74만 6000명이다. 2021년에는 이 연령대에 진입하는 인구가 90만 명에 근접한다. 이후 만 60세 인구가 다소 줄어들지만 2028년부터 2034년까지 매년 80만 명 이상이 은퇴 행렬에 동참할 것이다. 반면 20대 인구는 2018년(약 654만 명)부터 2030년

(약 456만 명)까지 3분의 2 수준으로 급감할 것이다.

넷째, 인구의 도시 집중 현상이다. 서울 및 수도권이 마치 블랙홀처럼 젊은 인구를 빨아들이고 있다. 2015년 인구센서스에서 도시 거주자가 전체 인구의 82%였다. 주 생산층인 20~54세로만 보면 85%가 도시에 살고 있었다. 가장 많이 일하는 20~49세의 경우 52%가 서울 및 수도권에 거주하고 있다. 젊을수록 대도시에 몰리는 현상이 두드러지는데, 2018년 현재 수도권과 부산에 사는 20대 인구는 전체 20대의 60%에 달한다. 이 수치는 주민등록지를 기준으로 한 것이므로, 실제 거주지로 본다면 더 많은 20대가 서울과 수도권 그리고 부산에 살고 있을 것이다.

인구변동을 신성장 동력으로 삼아라

그렇다면 이러한 인구변동으로 생각해볼 수 있는 ICT 산업의 미래는 어떤 모습일까? 전체적으로 조명해보자면 앞서 설명한 인구변화는 ICT 산업의 미래에 위기보다는 오히려 기회를 제공할 것이다. 한마디로 표현해, 시장이 점점 분화하면서 새로운 것들이 부상할 것이다.

첫째, 가정이나 소규모 사업체의 인터넷 사용 인구는 더 늘어날 것이다. 베이비부머인 50대 인구가 앞으로 은퇴하면 인터넷을 주로 집에서 사용하게 될 것이고, 가정용 인터넷에 대한 니즈가 높아질 것이다. 회사에서는 인터넷이 빨랐는데 집에서는 케이블 채널 상품으로 묶여 나온 걸 쓰다 보니 너무 느리다. 짜증이 난 은퇴자는 IPTV로 바꾼다. 이미 이런 현상이 나타나고 있고, 앞으로 더욱 늘어날 것이다. 1인 창업가solopreneur가 증가하는 것도 ICT 산업의 기회다. 혼자서 작게 사업하는 사람이 많아지면 당연히 네트워크 이용자도 증가하고, ICT 기술이 적용될 곳 역시 늘어날 것이다.

둘째, 국내 산업지형이 바뀔 것이다. 우리나라 제조업은 인건비 때문에라도 축소될 수밖에 없는 운명이다. 폐업까지는 아니더라도 본사는 국내에 둔 채 생산시설을 인건비가 저렴한 외국에 설치하는 등 해외진출을 본격화할 것이다. 그럴 경우 국내에 있는 본사와 현지 공장 간의 네트워크가 필요한데, 현지 통신 관련 업체를 쓰면서 네트워크를 구축하는 것이 쉬운 일은 아니다. 이런 상황은 국내 업체에 기회가 된다. 단, 시스템은 만들 수 있지만 네트워크 자체를 공급할 수는 없으므로, 지금부터라도 현지 업체와의 제휴 협력을 준비하면 좋을 것이다. 베트남에 진출한다면 비에텔Viettel 같은 공기업과 연계하는 식이다. 베트남에 진출한 한국기업을 대상으로 서비스 시스템은 한국의 통신기업이 제공하고, 하드웨어는 비에텔이 공급하는 등의 모델을 만드는 것이다.

국내에서의 대책도 필요하다. 그동안 건설 산업은 대규모 신도시 조성 및 재개발을 위주로 많이 했는데, 이제는 신규개발보다는 리모델링으로 가는 추세다. 이러한 도시재생 흐름에서 ICT 산업의 새로운 기회를 찾아볼 필요가 있다.

이와 함께 산업계 전반에 걸쳐 무인화, 자동화에 대한 수요가 급증하는 추세에도 대비해야 한다. 한 예로 무인편의점에 대한 논의가 활발하게 이루어지고 있다. 업계가 관심 갖는 이유는 단 하나, 비용을 줄이기 위해서다. 당장 무인화하기 어려우니 고객이 1층 단말기에서 물건을 주문하면 2층 창고에서 직원이 해당 제품을 가져오는 아이디어도 나온다. 1층 임대료가 비싸니 상품 진열할 공간이라도 아끼자는 것이다. 농담 같지만 충분히 가능한 방안이다. 비용절감을 위한 기업의 노력은 앞으로도 계속될 것이며, 이는 무인화 시스템 기술을 제공할 ICT 산업계가 놓쳐서는 안 될 부분이다.

셋째, 건강관리에 ICT 기술을 접목하는 방식을 고민하자. 1인 가구가 다양한 형태로 존재하고 특히 홀로 사는 고령자가 많아지면 건강관리가 사회적 이슈가 될 것이다. 현재 모바일 헬스케어 mHealth가 지자체 중심으로 시범적으로 운영되고 있는데, 이 분야는 수요가 개발을 이끌기보다 기술이 수요를 창출하는 영역이니만큼 기업이 적극적으로 투자 개발할수록 성장 가능성이 커질 것이다. 현재 한창 개발 중인 자율주행자동차는 네트워크가 중요한데, 여기에는 교통망뿐 아니라 IoT 등을 통한 개인의 네트워크도 포함된다. 이러한 기술을 건강관리 영역까지 확장할 수도 있지 않을까? 지금 당장은 눈에 띄지 않지만 앞으로는 발전 가능성이 큰 영역이다.

넷째, 비혼 인구의 라이프사이클에 맞춘 상품을 개발해야 한다. 싱글 인구라고 해서 모두가 똑같은 일상을 영위하지는 않는다. 일단 연령대가 다양해지고 있다. 주거형태도 제각각이어서 나이 들어서도 부모와 함께 사는 싱글이 있고, 일찌감치 독립해 혼자 사는 싱글이 있는가 하면, 다른 사람들과 주거공간을 공유하는 싱글도 있다. 이처럼 새롭게 등장하는 싱글족들은 지금까지 보지 못한 새로운 시장을 형성할 것이다.

다섯째, 농촌 지역의 개발 가능성이다. 농촌 지역 개발과 관련한 정부 정책에서 계속 거론되는 것이 농산업과 4차 산업기술의 접목이다. 농산업에서도 기계화, 자동화, 정보화가 순차적으로 진행되어 왔고, 특히 생산과 유통, 소비 전 과정에서 각 주체가 정보를 공유하고 네트워크를 확장해야 한다는 목소리가 커지고 있다. 농산업의 교류를 위한 플랫폼 필요성은 ICT 산업에 새로운 가능성을 열어줄 수 있다.

ICT 시장은 이처럼 다변화하면서 성장하고 있다. 가끔 관련 기업에 자문을 가면 '시장이 작아질 것 같으니 임직원들에게 위기의식을 많이 심어달라'는 주문을 받곤 하는데, 그때마다 내 대답은 '결코 그렇지 않다'이다.

저출산·고령화가 심화된다고 해서 지금 당장 인구가 줄어드는 것도 아니고, 언제나 위기만 있는 것도 아니다. 기존에 없던 인구집단이 생겨나면서 한 번도 보지 못한 새로운 유형의 기회를 맞을 수도 있다. 인구변화를 좀 더 심층적으로 분석해야 하는 이유이기도 하다.

인구학자가 제안하는 ICT 산업의 미래시장·미래전략
Diverging but Emerging

- ▶ 은퇴 인구 및 1인창업자가 증가한다.
- ▶ 국내 제조업의 축소 및 해외진출, 신도시 리모델링, 무인화 및 자동화 등 국내 산업 지형의 변화에 대비하자.
- ▶ ICT를 활용한 상시적 건강관리 시스템을 구축하자.
- ▶ 다양해지는 싱글 인구에게서 새로운 시장 개척 가능성을 타진하자.
- ▶ 농산업 분야에 4차 산업기술을 접목하는 방안을 모색하자.

미용보다
케어,
여성만큼
남성

2021년경부터 한국사회는 2000년대 이후에 발생한 인구변동의 결과를
그대로 경험하게 될 예정이며, 화장품 산업도 예외는 아니다.
왜 하필 2021년인가 하면, 저출산 세대의 시작인 2002년생이
한국나이로 스무 살이 되는 해이기 때문이다.

[화장품 산업]

▶▷▷ 해마다 우리나라의 화장품 산업은 꾸준한 성장률을 보여왔다. 아름다워지려는 본능에다 자기관리에 대한 사회적 요구가 높아지면서 남녀노소 할 것 없이 꾸며야 하는 세상이 된 것. 또한 전반적인 소득 증가에 따라 화장품에 지출하는 비용도 증가했다. 더욱이 한류 흐름을 타고 한국의 화장품은 아시아 시장의 확실한 강자가 되었다. 사드 문제를 둘러싼 한중 갈등의 여파로 중국으로의 수출증가율이 주춤했지만 한국 화장품의 중국 판매는 여전히 증가세에 있고, 기술력을 기반으로 한 수출 지역 다변화 역시 성과를 거두고 있다.

그렇다면 인구변동은 화장품 소비 패턴에 어떤 영향을 미치게 될까?

산업별로 다소 차이는 있겠지만 2021년경부터 한국사회는 2000년대 이후에 발생한 인구변동의 결과를 그대로 경험하게 될 것이다. 왜 하필 2021년인가 하면, 저출산 세대의 시작인 2002년생이 한국나이로 스무 살이 되는 해이기 때문이다. 확 줄어든 청년세대가 본격적으로 소비를 시작하는 이 시점부터 저출산의 여파가 전체 산업에 미치게 될 것이다. 화장품 산업도 예외는 아니다.

꽃중년의 성장에 주목하라

화장품 산업에 영향을 미칠 인구현상으로 대표적인 것은 베이비부머 2세대의 중년화다. 젊었을 때 화장품을 열심히 사주었던 이들이 중년이 되니 주 고객층에서 떨어져 나갈까? 천만의 말씀이다. 이들은 과거의 중년들과 달리 여가와 취미활동을 즐기며 자기관리에도 적극적이다. 외모를 가꾸는 것도 자기관리의 일환이라 생각해 열심히 한다. 다만 미용의 속성은 조금 달라질 것이다. 단순히 예쁘고 젊어 보이고 싶어 한다기보다는 스스로를 건강하게 가꾸고 관리하려는 케어care적 측면이 커질 것이다.

흥미로운 것은 이런 현상이 여성들에게만 나타나는 게 아니라는 점이다. 얼굴에 바르는 거라곤 면도 후에 사용하는 애프터셰이브가 전부였던 과거 중년과 달리, 각종 기능성 제품을 직접 구매하며 정성껏 피부를 관리하는 새로운 중년 남성이 등장하고 있다.

복잡하게 말할 것 없이 TV 드라마를 보면 단박에 이해될 것이다. 예전에는 20대의 로맨스가 주류였다면 요즘은 30대를 넘어 40대가 주인공인 드라마가 상당수다. 그들만 화면 가득 클로즈업해도 설렐 만큼 여전히 충분히 멋지기 때문이다. 대표적인 예가 2012년에 방영된 〈신사의 품격〉이다. 장동건, 김하늘 주연의 멜로물인데, 드라마 줄거리보다 더 화제가 됐던 것은 남자 출연진의 화려한 꾸밈새였다.

소위 '꽃중년 신드롬'을 불러온 드라마 속 장동건의 모습은 기

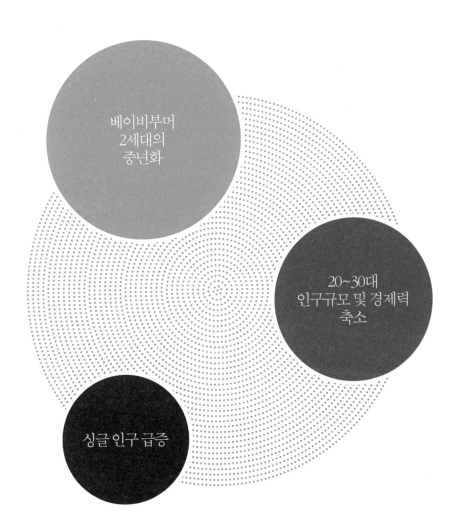

베이비부머
2세대의
중년화

20~30대
인구규모 및 경제력
축소

싱글 인구 급증

[화장품 산업의 미래를 결정할 인구현상]

존의 전형적인 중년 남성상을 완전히 깨뜨렸다. '기존의 전형적인 중년 남성상'이 어땠는가 하면, 1996년에 방영된 드라마 〈애인〉의 남자 주인공 같았다. 배우 유동근이 맡은 주인공은 양복 차림의 중후한 회사 중역이었다. 중후한 중년 남성에서 꽃 같은 중년 남성으로 세상의 인식이 바뀌면서 중년 남성들도 가꾸는 데 돈을 쓰기 시작했다.

또 하나 생각해볼 인구현상은 베이비부머 1세대의 은퇴다. 일반적으로 은퇴한 후에 화장품을 더 많이 소비하는 경우는 많지 않지만, 여성은 사정이 다르다. 이들은 기본적으로 케어에 신경 쓰며, 남편의 소득이 높았기 때문에 비교적 고가의 화장품을 구매해왔다. 남편이 은퇴했다고 해서 쓰던 화장품을 하루아침에 안 쓰기는 어렵다. 가처분소득이 줄어 부담되긴 하겠지만, 자녀들에게 선물로 받든가 하는 방식으로 기존의 고가 화장품을 계속 사용할 가능성이 크다.

둘째, 2030 세대의 규모가 점점 작아진다는 사실도 주목해야 한다. 특히 중저가 화장품은 이들이 주 고객층이므로 매출감소에 대비한 특단의 조치가 필요하다. 내수시장만으로는 지금과 같은 성과를 내기 어려울 것이다. 여러 번 언급했지만, 2030년 20대 인구는 2018년 대비 약 200만 명이 줄어들 것이 이미 정해져 있다.

셋째, 가구 분화에 따른 가구 수 증가도 눈여겨봐야 할 인구현상이다. 연령대를 가리지 않고 싱글 인구가 늘고 있는데, 구성원이 줄어들더라도 가구 수는 늘어났으니 생필품처럼 사용하는 기초 화장품의 수요는 증가할 수밖에 없다. 공동으로 쓰던 것을 가구별로 각각 구매해야 하니 말이다. 또한 어느 연령대든 혼자 사는 이들은 미용 관련 지출이 높은 편이므로 싱글 인구의 변화 추이에 대해서는 연령대를 불문하고 모두 고려해야 한다.

한 방향이 아닌 다각적 성장을 모색하라

젊은 인구가 줄어들고 고령화가 가속화됨에 따라 국내 화장품 산업의 슬로건은 '미용'에서 '케어'로 무게중심이 옮겨갈 가능성이 크다. 최근 몇 년 사이에 단순히 외모를 아름답게 꾸미는 것을 넘어 뛰어난 의학적 효능을 가미한 코스메슈티컬cosmeceutical 제품이 강세인 것도 이러한 추세를 반영하고 있다. 이와 더불어 베이비부머 2세대의 소비 트렌드에서 살펴본 것처럼, 특히 '꽃중년'이라 불리는 중년 남성 시장은 계속 커질 것으로 보인다. 다만 이들의 구매경로가 과거 중년과 달리 모바일, 인터넷, 면세점 등으로 다양해지고 있으므로 이에 대한 면밀한 분석도 필요하리라 본다.

가구 수가 늘고 싱글 인구가 증가하는 것은 화장품 산업에 긍정적인 요소다. 하지만 각기 다른 연령대의 가구가 산발적으로 존재한다는 점, 똑같은 싱글이라도 살아가는 방식이나 소비 패턴에 차이가 있다는 점을 유념해야 한다. 거기에 화장품 시장에 첫발을 내딛은 40대 남성들의 화장품 브랜드 선호도에 대한 분석도 필요하다. 만일 여성에 비해 브랜드 충성도가 높다면 이들은 앞으로 노동 시장에서 빠져나갈 때까지 최소한 15~20년은 화장품 회사를 먹여 살릴 캐시카우cash cow가 될 것이다.

 그렇다면 해외시장은 어떨까? 한국 화장품의 최대 수출국인 중국에서는 규모의 경제가 당분간 계속될 것이다. 그들도 우리나라처럼 저출산 및 고령화 국면에 들어섰지만, 그래도 매년 1300만 명씩 태어나는 나라다. 4년간의 출생아 수가 우리나라 전체 인구와 맞먹을 만큼 기본적인 인구규모가 크므로 규모의 경제를 결코 무시해서는 안 된다. 당분간 꾸준히 시장을 개척하고 성장시킬 필요가 있다.

 오히려 경계해야 할 것은 중국 시장의 축소가 아니라 중국 브랜드들이다. 중국처럼 인구가 양적으로 팽창하다 질적 성장 시대로 바뀌면 소비시장에 두 가지 방향으로 여파가 나타나게 된다. 공급자가 먼저 질 좋은 제품을 제공해 소비를 촉진할 수도 있고, 소득이 높아짐에 따라 소비자들이 외국의 질 좋은 제품에 노출되면서 요구수준이 높아져 공급을 압박할 수도 있다. 공급과 수요가 상호작용하는 것이다. 중국 소비시장은 아마도 후자의 방향이 더 거세겠지만, 어찌됐든 수요가 있으니 공급자가 늘어날 것은 분명하다. 중국의 화장품 브랜드들이 어떤 형태로 발전하는지 관찰해 수출전략을 보완해야 한다. 중국 브랜드가 성장하기 전에 확실한 고객층을 다져놓거나, 또는 완전히 고급화해서 중국제품과 질적으로 차별화하는 등의 전략을 고민해야 한다.

　나아가 규모의 경제 효과는 중국뿐 아니라 아시아 국가 대부분에서 나타나고, 특히 젊은 인구층이 두터우므로 이들 시장을 놓쳐서는 안 된다. 이들 시장에서는 케어보다는 미용에 중점을 두는 것이 적합하다. 과거 우리나라처럼 중년보다는 젊은 세대를, 남성보다는 여성을 타깃으로 하는 것이다. 이와 동시에 중국에서 생산된 가짜 한국 제품, 이른바 '짝퉁'들이 베트남 등에 유입되고 있는 만큼 지금부터라도 해외시장에 대한 철저한 관리가 필요하다.

인구학자가 제안하는 화장품 산업의 미래시장·미래전략
Diverging but Growing

▶ 미용에서 케어로 바뀌는 시장의 속성을 읽자.

▶ 베이비부머 2세대, 특히 꽃중년의 성장에 주목하자.

▶ 베이비부머 1세대 여성의 구매를 유지하는 전략을 고민하자.

▶ 아시아 지역은 규모의 경제가 지속될 것이다.

▶ 중국시장은 자국 브랜드가 성장할 때까지는 유지될 것이다.

▶ 중국산 모조품에 대한 시장관리가 시급하다.

급증하는
중년
나홀로족을
잡아라

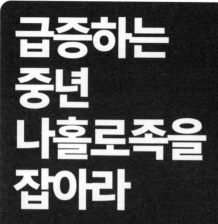

식품만큼 연령별 규모가 중요한 산업이 없다.
아이스크림이나 우유 등은 어린이 인구가 중요하고, 청량음료나 라면 등
주 소비층이 청년이라면 20대 인구규모가 중요하다.
해당 제품의 미래 시장을 알고 싶으면 해당 소비층의 인구규모가
어떻게 변화해갈 것인가를 파악해야 한다.

[식품 산업]

▶▷▷ 미래 먹거리 찾기에 가장 골치 아픈 분야 중 하나가 식품 산업이다. 갈수록 가속화되고 있는 저출산으로 벌써부터 성장이 꺾이고 있는 품목이 생기는가 하면, 업체 간의 경쟁은 점점 치열해지고 1인 가구가 급증하면서 소비 트렌드가 급격히 바뀌고 있기 때문이다.

저출산에 따른 타격은 우유, 가공 식품 매출에서 단적으로 드러난다. 2017년 출생아 수는 역대 최저치인 35만 7000명으로, 덩달아 우유 소비량도 뚝 떨어졌고 이에 따라 낙농가의 젖소 사육이 줄어 우유 생산량마저 줄었다. 설상가상으로 사드 여파까지 겹쳐 중국 수출이 활발했던 기업은 작지 않은 타격을 입었다.

상황의 심각성을 인지한 업체들은 뒤늦게 돌파구를 찾는 데 주력하고 있다. 이렇게 해서 나온 대표적인 해결책이 간편식HMR 사업이다. HMR은 단순한 조리과정만 거치면 간편하게 먹을 수 있도록 식재료를 가공·조리·포장한 제품을 말한다. 빙그레는 '혼밥족'들을 겨냥한 HMR '헬로 빙그레'를 2017년 출시해 간편하게 데워 먹을 수 있는 볶음밥 등 신제품을 꾸준히 선보이고 있고, 한국야쿠르트도 '야쿠르트 아줌마'를 앞세워 국이나 탕, 김치, 밑반찬 등 완제품을 직접 배달해주는 사업을 시작했다. 농심 역시 간편식 브랜드 '쿡탐'을, 동원홈푸드는 '더반찬'을 인수해 HMR 시장에 진출했다.

저성장 기조를 타개하기 위해 식품업체들의 신규 사업 진출이 활발해지고 있는 것은 환영할 만하다. 이것이 단순한 응급처방으로 끝나지 않으려면 현재 나타나고 있는 인구변화 양상이 향후 어떤 추이로 변화할 것인지, 그에 따라 먹거리 소비가 어떻게 바뀔지 알아야 한다. 더욱이 식품만큼 연령별 규모가 중요한 산업이 없다. 당연한 이야기지만 아이스크림이나 우유 등 아이들을 대상으로 하는 제품은 어린이 인구가 중요하고, 청량음료나 라면 등 주 소비층이 청년들이라면 20대 인구규모가 중요하다. 따라서 해당 제품의 향후 미래 시장을 알고 싶다면 해당 소비층의 인구규모가 앞으로 어떻게 변화해갈 것인지 파악해야 한다.

하지만 식품업체를 대상으로 강연이나 자문 활동을 하다 보면 현재 시장에 대응하는 데 급급한 나머지 제품 수요에 영향을 미칠 타깃 인구가 앞으로 어떻게 변화할지에는 미처 신경 쓰지 못하는 경우를 종종 본다. 각 연령대별로 향후 예측되는 인구수를 보여주면 '아, 저렇게 줄어드는구나' 하고 놀라워할 뿐, 그에 대한 전략은 미비한 편이다.

그렇다면 식품 산업이 반드시 알아야 할 중요한 인구현상은 무엇일까?

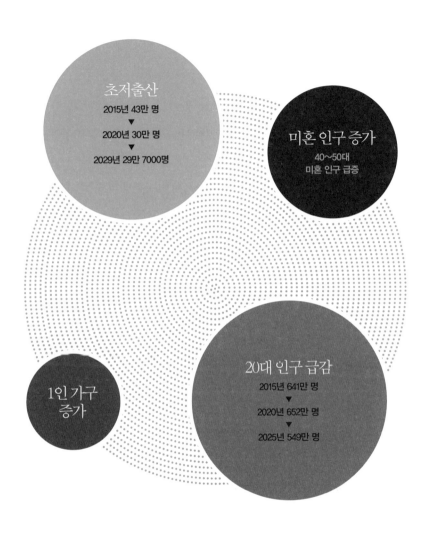

[식품 산업의 미래를 결정할 인구현상]

저출산, 저출산, 저출산! 싱글, 싱글, 싱글!

가장 먼저 출생아 감소를 들 수 있다. 중요한 것은 이미 많이 줄어든 출생아가 앞으로 얼마나 더 줄어들 것인가 하는 문제다. 2017년에 35만 7000명이었던 출생아 수는 2020년에 30만 명, 2029년에는 30만 명도 무너질 전망이다.

청년인구의 변화도 주목해야 할 현상이다. 출생아 수는 줄었지만 20대 청년인구는 2015년 641만 명에서 2017년 651만 명으로 아직은 늘어나는 추세다. 2020년에는 652만 명까지 늘어날 것이다. 그러나 여기까지다. 2025년의 20대 추계인구는 549만 명으로 무려 100만 명이나 줄어들 전망이다. 그때 20대가 될 지금의 10대 인구가 그 정도밖에 안 되니 예상이 틀릴 가능성은 없다.

미혼 인구가 급증하고 있는 것도 눈여겨봐야 한다. 20~30대뿐 아니라 앞으로는 40~50대에서 싱글 인구가 급격히 늘어날 것으로 예상된다. 지금 결혼하지 않고 있는 젊은 층 가운데 상당수가 나이 들어도 결혼하지 않을 것으로 예상되며, 사별이나 이혼한 사람들도 재혼보다는 혼자 사는 삶을 택하는 것이 이미 보편적인 추세가 되었다.

미혼 인구의 증가는 자연스럽게 1인 가구의 증가로 이어진다. 이미 전체 가구 비중에서 1인 가구가 대세가 되었지만 앞으로 더욱 가속화될 것이다. 이 또한 비혼 및 이혼 후 혼자 사는 40~50대의 증가가 두드러질 것으로 예상된다.

해외시장과 40~50대 싱글족에 기회가 있다

출생아 수의 지속적인 감소와 20대 청년인구의 변화, 40~50대 미혼 인구 및 1인 가구의 증가라는 인구변동을 생각할 때 식품 산업의 미래 지도는 어떻게 그려야 할까.

태어날 아이가 계속 줄어든다면 영유아 및 어린이를 대상으로 한 식품 수요 역시 줄어드는 것은 당연하다. 소비자가 줄어든 내수시장을 현재 규모로 유지하려면 객단가를 높이는 등 새로운 전략이 필요하다. 장난감이나 아동복 등 어린이를 대상으로 '엔젤 산업'이 각광받는 것은 어제오늘의 일이 아니다. 먹거리라고 고급화를 꾀하지 말란 법은 없다. 적게 낳아 귀하게 키우는 부모들의 심리를 감안해 고급스럽고 차별화된 먹거리를 개발하는 프리미엄 전략도 대안이 될 수 있다.[7] 게다가 결혼 및 출산연령이 자꾸 늦어지고 있는 추세인데, 이는 그만큼 부모가 경제력이 있을 때 아이를 낳는다는 것을 의미한다. 과거에 비해 아이를 위한 소비와 투자 여력이 더욱 커지고 있다는 말이다.

청년인구의 변화는 어떨까? 20대 청년들이 가장 많이 소비하는 식품 중 하나가 라면이다. 대표 기업인 오뚜기의 경우 식품 산업이 전반적인 침체기에 들어섰음에도 라면 시장에서 꾸준한 성장세를 보였다. 그러나 앞서 설명한 대로 5년 이내에 청년인구가 급감할 것을 감안한다면 내수시장이 과거에 비해 커지기 어려우니 해외시장 공략에 나서야 한다. 앞에서 언급한 프리미엄 전략으로도 기존 업체들과의 경쟁과 시장 자체의 축소라는 근본적인 문제를 해결하기에는 역부족이니, 태국 등 성장 가능성이 큰 해외시장 진출은 피할 수 없는 과제다.

40~50대에서 두드러지고 있는 미혼 인구 및 1인 가구 증가세는 식문화의 근본적인 변화를 초래한다. 생각해보자. 혼자 사는 40~50대는 어떻게 식사를 해결할까? 기본적으로 외식을 많이 할 것이다. 간편하게 사먹는 것이다. 만일 바깥에서 해결하지 못하고 집에서 밥을 먹는다면? 요리에 취미가 있지 않은 이상, 식재료를 직접 사다가 음식을 만들어 먹는 경우는 드물 것이다. 거의 완성된 형태의 반조리 식품을 사다 먹을 가능성이 크다. 이는 곧 요리에 주로 사용하는 소스와 각종 조미료를 구매할 이유가 없다는 뜻이다. '오뚜기 마요네즈' 등 고유명사처럼 여겨지던 제품군이 눈여겨볼 대목이다. (그렇다고 이것이 소스류의 침체로 곧장 이어진다는 의미는 아니다. 집밥 대신 외식을 더 많이 하게 되면 가정용이 아닌 업소용 소스와 조미료의 소비는 지금보다 커질 수 있다.)

이런 이유로 앞서 언급한 간편식 시장은 앞으로도 계속 확장될 가능성이 크다. 지금도 많은 식품기업에서 HMR 개발에 박차를 가하고 있다. 열심히 만들어서 마트나 편의점 혹은 식당에 납품하고 있다. 그런데 이것을 반드시 유통업체와 제휴해서 납품해야 할까? 식품회사가 자사의 브랜드로 직접 고객에게 판매할 수는 없을까? 시장이 작으면 굳이 이런 시도를 할 필요가 없을지도 모르지만, 그만큼 시장이 크기에 하는 말이다. 일례로 집이 아닌 바깥에서 간편하게 식사를 해결할 수 있는 작은 식당을 운영한다면 어떨까?

또 40~50대는 건강에 대한 관심이 커질 때다. 가족 없이 혼자 산다면 더욱더 건강을 챙겨야 한다. 쉽게 만들 수 있는 편리함에 건강까지 더할 수 있는 간편식은 어떨까? 어떤 식으로든 현재의 B2B 시장에서 B2C로 확장할 수 있다면, 늘어나는 40~50대 싱글을 대상으로 한 식품 시장은 저출산 시대에도 더 큰 성장을 도모할 수 있을 것이다.

인구학자가 제안하는 식품 산업의 미래시장·미래전략
Never Neglect Mid-Aged Singles!

▶출생아 수 감소를 극복할 프리미엄 전략을 고민하자.

▶예고된 20대 인구 감소, 라면 시장은 괜찮을까?

▶성장 가능성이 큰 해외시장을 모색하자.

▶40~50대 싱글을 겨냥한 간편식에 주목하라.

▶고객을 직접 상대하는 판매망을 구축하자.

왜 케이팝은 있는데 케이알코올 K-Alcohol 은 없을까?

통계를 보면 20대에서 30대 초반이 술을 가장 많이 마신다.
그런데 이 연령대는 예전에 비해 이미 많이 줄었고,
초저출산 시대 출생자들이 성인 연령에 들어서는
2021년 이후부터는 더욱더 줄어들 것이다.

[주류 산업]

▶▷▷ 술 소비량은 전 세계적으로 감소 추세다. 웰빙 바람과 건강에 대한 관심이 커진 것이 주된 이유다. 우리나라에서도 술을 강요하는 회식문화가 많이 사라졌(다고 하)고, 젊은 층 사이에서 소주나 양주처럼 독한 술보다는 저도수의 술을 선호하는 사람들이 많아졌다. 원하는 술을 마시고 싶은 만큼만 혼자 마시는 '혼술족'이 늘어나고 있는 것도 소비량 감소의 원인으로 꼽힌다.

앞으로도 술 소비 인구는 늘어날 가능성이 보이지 않는다. 이유는 간단하다. '인생주기로 볼 때 어느 연령대에서 술을 가장 많이 마실까요?' 하고 물어보면 대부분 '20대요' 하고 답한다. 맞다. 통계치로 봐도 20대에서 30대 초반이 술을 가장 많이 마신다. 그런데 이 연령대는 예전에 비해 이미 많이 줄었고, 초저출산 시대 출생자들이 성인 연령에 들어서는 2021년 이후부터는 더욱더 줄어들 것이다. 그들 대신 장년층이 계속 술을 많이 마셔줄 거라고? 예전에는 그랬을지 몰라도 요즘 장년층은 부어라 마셔라 하며 만취할 때까지 마시진 않는다. 술 소비 취향도 다양해졌다. 예전에는 맥주는 OB, 소주는 진로만 알던 사람들이 대부분이었지만 지금은 각자 좋아하는 술 종류가 따로 있고, 그중에는 외국 술도 많다.

이렇듯 달라진 음주문화에 따라 술 소비량이 줄어드는 것은 자연스러운 귀결이지만, 주류 업체들에는 비상이 아닐 수 없다. 주류 산업의 미래를 알려면 술 소비층의 가구 형태, 주거지 등을 포함해 향후 인구구조가 어떻게 변하는지, 세대별로 어떤 소비 패턴을 보이는지 등을 정확히 파악할 필요가 있다.

20대는 적어지고, 50대는 덜 마시고

가장 먼저 살펴봐야 할 것은 연령구조의 변화다. 앞서 언급한 대로 술을 가장 많이 마시는 연령대인 20대가 2030년이 되면 현재의 3분의 2 수준으로 줄어들 것이다.

한편 58년 개띠를 필두로 한 베이비부머 1세대가 대거 은퇴한다. 은퇴 후에는 아무래도 현업에 있을 때보다 술 마시는 횟수가 줄어들고, 마시더라도 폭음을 하지는 않을 것이다. 또한 경제적인 이유로 집에서 마시는 것을 선호할 수도 있는데, 가정용 주류 시장은 영업용 주류 시장과 수익구조가 다르다는 점을 감안해야 한다.

또 하나 생각해볼 인구현상은 해외 경험이 비교적 풍부한 베이비부머 2세대가 50대가 된다는 것이다. 이들은 지금의 50대인 베이비부머 1세대와는 사뭇 다른 음주 문화를 향유해왔다. 일찌감치 배낭여행이나 어학연수, 유학 등으로 외국 문화를 직접 보고 겪으며 맥주를 비롯해 다양한 외국 술을 각자의 기호에 따라 자유롭게 마셔봤다. 개인의 취향에 따라 차이는 있겠지만, 이들은 50

인구의 연령구조 변화
20대 급감
베이비부머 2세대 50대로 이행

인구의 도시 집중
지방대학 위기 이후
젊은 인구의 수도권 집중 심화

가구원 수 축소

비혼 인구 급증

[주류 산업의 미래를 결정할 인구현상]

대가 되어도 저렴한 국내 맥주보다는 가격대가 좀 있더라도 본인의 취향에 맞는 외국 맥주를 선호할 가능성이 크다. 이처럼 코호트마다 다른 경험을 쌓아온 만큼, 베이비부머 1세대가 60대가 되고 그 아래 2세대가 50대가 될 때는 연령별 음주 행태도 지금과 달라질 것이다.

다음으로 생각해볼 것은 가구원 수의 축소다. 가구 분화로 1~2인 가구가 늘고 있는데, 그중에서도 중년 및 고령의 1~2인 가구가 급증하고 있다. 흔히 혼자 살면 술도 많이 마실 거라 생각하겠지만, 나이 든 사람의 경우는 반드시 그런 것도 아니다. 경제적 여유도 적은 데다 건강관리도 스스로 해야 하므로 마시더라도 젊은 층에 비해 적게 마실 가능성이 크다. 실제로 최근 데이터를 분석해보니 술 소비량은 오히려 기혼자가 더 많았다. 반면 미혼자 쪽은 건강관리나 자기계발 욕구가 강해 운동을 더 많이 하고 음주량은 더 적었다.

마지막으로 대도시로 인구가 집중되는 현상을 주목할 필요가 있다. 현재 우리나라 주류 도매업은 지역별로 운영되고 있는데, 현재까지 지방의 매출 현황은 그리 나쁘지 않았다. 지방대학을 중심으로 젊은 층 인구가 버텨주고 있기 때문이다. 그러나 뒤에서 더 자세히 살펴보겠지만 지방대학의 미래가 밝지 않다. 지방대의 위기는 대학을 중심으로 운영되던 지역 상권에도 치명적이다. 특히 지방대 주변에 입점해 있는 소규모 주점들은 생존을 위협받을 위험마저 있다.

인구 이해를 기반으로 해외로

이렇듯 다양한 인구변동이 주류 산업의 미래에 적신호를 보내고 있지만, 당장 국내 주류 시장이 크게 위축되지는 않을 것이다. 전국적으로 볼 때 여전히 크고 견고한 40~50대 초반 연령대가 주류 시장을 받쳐줄 것이기 때문이다. 이들은 유독 '폭탄주'를 사랑하는데, 여기에 들어가는 맥주는 대부분 국산이다. 다만 이것은 서울을 비롯한 수도권 지역에 국한된 현상이므로 지방도시, 특히 농촌 지역의 시장 축소는 불가피하다.

더구나 고령인구가 많아지고 1인 가구가 늘면 정부의 건강증진 정책이 지금보다 훨씬 강화될 것이 분명하다. 고령자의 건강관리 비용은 사회가 부담해야 하는데, 이 비용을 줄이려면 고령자들이 아프지 않아야 한다. 어떻게든 몸에 나쁜 행동을 하지 않도록 유도해야 한다. 최근에 등장한 '소주 한 잔도 건강에 해롭다'라는 캠페인은 정부의 정책 방향을 단적으로 보여준다. 적게 마시는 것도 모자라 아예 술을 끊으라는 절주節酒 캠페인 아닌가. 이제 담배에 이어 술에도 세금 폭탄이 떨어질 것이다. 이러한 사회적 압박과 함께 고학력 고소득의 1인 가구를 중심으로 과음하지 않는 문화가 자리 잡을 것으로 보인다.

어떤 식으로든 국내 주류 시장의 축소는 이미 정해진 미래다. 만들기만 하면 팔리던 시대는 지났다. 내수시장의 한계가 명확히

드러나고 있는 지금, 국내 주류 업체들은 해외시장과의 교류를 적극적으로 준비해야 한다. 여기에는 인구학적 이해에 바탕을 둔 시장분석이 반드시 필요하다.

예컨대 쌀국수를 보자. 몇 년 전부터 베트남으로 여행 가는 한국인이 늘면서 베트남 현지에서 들여온 쌀국수 브랜드가 한국에서 큰 인기를 끌고 있다. 외국 여행지에서 인기 있는 음식이 국내에서도 똑같이 각광받는 것이다. 드롭 커피에 연유를 섞어 마시는 베트남식 커피를 판매하는 커피전문점도 눈에 띄게 늘고 있다. 이처럼 사람들의 해외 경험이 쌓이면 국내시장에도 영향을 미치게 된다.

쌀국수가 된다면 술도 못하란 법이 없다. 단적인 예로 베트남에 여행 가면 하노이비어나 사이공비어 등 현지 맥주를 반드시 마신다. 베트남의 값싼 맥주를 노천에서 마실 수 있는 하노이비어 거리는 젊은 한국 여행객들의 단골 코스다. 이처럼 최근 우리나라 사람들이 어디를 많이 방문하는지 파악해 그 나라의 술을 수입해오는 것도 방법이다.

또 하나, 이제는 주류 산업에도 해외시장을 겨냥한 R&D가 필요하다. 한국 드라마, 케이팝 등 한류가 동남아는 물론 유럽과 남미까지 확산된 지금, 주류 산업도 이른바 케이알코올K-Alcohol로 거듭나 해외시장을 개척하는 것은 어떨까? 물론 중장기적인 관점에서 해외진출을 모색하려면 주류 산업과 관련한 그 나라의 인구요소들을 반드시 고려해야 하며, 현재의 특성뿐 아니라 미래의 변화되는 모습을 미리 파악할 필요가 있다. 만일 인구의 크기가 크다면 기본적으로 시장도 어느 정도 규모가 될 것이다. 또 개인의 구매력이 높다면 인구의 크기가 크지 않더라도 시장의 규모는 충분히 커질 수 있다.

인구학자가 제안하는 주류 산업의 미래시장·미래전략
Why not K-Alcohol?

▶ 10년 뒤 국내 주류 시장은 반드시 작아진다.

▶ 인구에 대한 이해를 바탕으로 해외시장과 제휴하자.

▶ 최근 한국인들이 자주 찾는 해외 여행지는?
  그곳에서 어떤 술이 인기 있는지 알아보자.

▶ 왜 한류에 케이알코올(K-Alcohol)은 없을까?

확실한
성장세,
하지만
언제까지?

커피전문점과 인구변동 사이에는 한 가지 특이한 연관성이 발견된다.
바로 코호트마다 일의 개념 및 업무문화가 어떻게 변화하느냐 하는 것이다.
커피전문점의 미래는 인구변동과 함께 달라지는
주요 생산연령층의 일 개념과 관련이 깊다.

[커피전문점]

▶▷▷ 국내 커피전문점 시장을 대표하는 스타벅스가 2017년 한국 진출 18년 만에 매출 1조 원, 영업이익 1000억 원을 달성했다. 농림축산식품부와 한국농수산식품유통공사aT가 발간한 커피류 시장 보고서에 따르면 우리나라 20세 이상 성인의 연간 커피 소비량이 1인당 400잔을 넘어섰다고 한다.[8] 바쁜 라이프스타일과 커피에 대한 습관적인 소비, 커피전문점의 공간 활용도 증가 등의 이유로 커피를 접할 수 있는 기회가 늘고 있으며, 이에 따라 기호식품을 넘어 문화소비 제품으로 빠르게 변화하고 있기 때문이라는 분석이다. 커피를 단순한 음료가 아닌 문화로 소비하고 있다는 의미다.

많은 퇴직자들이 외식업에 뛰어들고, 골목마다 새로운 식당과 카페, 술집이 생기고 있다. 그중에서도 발군의 성적을 자랑하는 것은 뭐니뭐니 해도 카페다. 이미 포화상태인 것 같은데 그래도 커피전문점은 계속 생기고 있다. 전체 매출도 상승 곡선을 그리고 있다. 이 기세가 얼마나 이어질까? 이 업계에 영향을 미칠 인구변동에는 과연 어떤 것이 있을까? 외식 산업 중에서도 유독 커피전문점의 미래가 궁금해진 이유다.

커피전문점 역시 다른 산업과 마찬가지로 인구구조 변화 및 각 연령대의 소비문화 경험에 적지 않은 영향을 받는다. 그런데 분석 과정에서 한 가지 특이한 연관성이 발견됐다. 바로 코호트마다 일의 개념 및 업무문화가 어떻게 변화하느냐 하는 것이다. 커피전문점의 미래는 인구변동과 함께 달라지는 주요 생산연령층의 일 개념과 밀접히 연관돼 있다.

커피전문점의 가장 큰 변수는 '일 문화'

커피전문점의 미래와 연관 있는 인구현상으로 먼저 가구의 변화를 들 수 있다. 가구원 수는 감소하는 반면 가구 수는 증가하고, 싱글 인구 및 싱글 가구가 증가하는 것이다.

다음으로 생각해봐야 할 인구현상은 고령화다. 20대 인구가 현재의 3분의 2 규모로 줄어들고 베이비부머 1세대가 은퇴해 고령층에 흡수된다. 젊은 인구가 감소하고 현재의 장년층이 생산연령층에서 대거 빠져나가는 등 인구 연령구조가 바뀌는 것이다. 이를 단순히 숫자로만 인식해서는 안 된다. 소비문화 경험에 차이가 있는 코호트가 다음 연령대로 진입했을 때 과연 어떤 소비 패턴을 보일 것인지에 관심을 두어야 한다. 현재의 40대가 50대로 넘어간 이후의 소비문화는 지금의 50대와는 꽤 많이 다를 것이다.

또 하나 주목해야 할 인구변화는 인구의 도시 집중이다. 농어촌은 물론 지방 중소도시의 인구도 점점 줄어들고 있으며 특히 젊은

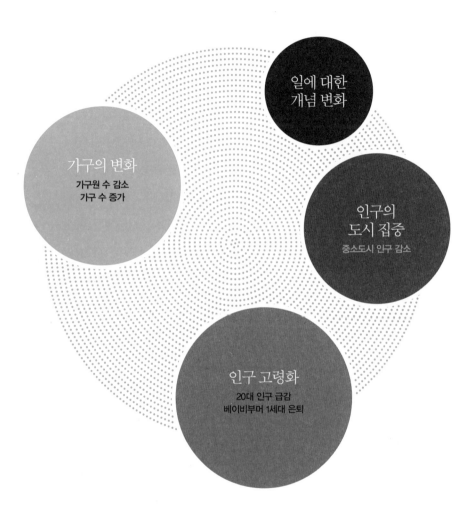

일에 대한
개념 변화

가구의 변화
가구원 수 감소
가구 수 증가

인구의
도시 집중
중소도시 인구 감소

인구 고령화
20대 인구 급감
베이비부머 1세대 은퇴

[커피전문점의 미래를 결정할 인구현상]

층이 서울 및 수도권으로 몰려들고 있다. 농촌이나 지방도시 인구가 대도시로 몰리는 데에는 문화생활을 향유하려는 요인도 작용한다. 이들이 커피의 주요 소비층이므로 커피전문점 사업을 크게 하려면 지방보다는 수도권이, 그중에서도 서울이 절대적으로 유리하다. 사실 지금도 대규모 커피전문점 브랜드들은 서울 매장만 유지하고 지방 매장을 철수해도 운영상 큰 문제는 없을 것이다. 그러나 이미 커피전문점은 하나의 문화공간으로 인식되고 있다. 시장논리만 따져서 지방에서 커피전문점을 철수한다면 지방의 젊은 인구가 더욱 줄어드는 악순환에 빠질 것이다. 그보다는 지역 발전 차원에서 조금 다른 접근이 필요해 보인다. 스타벅스의 강릉, 경주 매장 등은 지역 명소가 되어 관광객이 일부러 찾아가는 곳이 되었다. 이렇듯 해당 지역의 특색을 고려해 그 지역만의 차별화를 꾀하는 것도 전략이 될 것이다.

마지막으로, 초저출산 현상이 지속되면서 일을 대하는 생산연령층의 사고방식이 바뀌고 있다는 점을 주목해야 한다. 이들은 더 이상 생계나 미래의 자아실현을 위해 현재를 희생해가며 일에 매달리지 않는다. 연봉만큼이나 중요한 것이 얼마나 여가를 즐길 수 있는지다.

더욱이 야근이 당연시되었던 기존의 기업문화도 조금씩 바뀌고 있다. 커피전문점의 주요 고객인 젊은 직장인들이 커피를 가장 많이 마시는 시간대는 점심식사 이후다. 그러나 최근 들어 일부 기업에서 실시하고 있는 압축 근무, 정시퇴근 제도가 산업계 전반에 확산된다면 커피전문점을 찾기보다는 회사 안에서 간단히 마시는 편을 택할 가능성이 높다.

소비인구의 '시간'을 차지하라

여러 가지 인구변동 요인에도 불구하고 커피전문점은 당분간 성장세를 이어갈 것으로 예측된다. 단, 성장 속도가 지금처럼 빠르지는 않을 것이다.

커피전문점을 본격적으로 이용하는 연령대는 대개 20대부터다. 미래의 고객인 현재의 청소년 인구가 많이 감소하긴 했지만 어쨌든 커피전문점 입장에서는 '새로운 수요층'이 계속 생기고 있다. 여기에 싱글 인구가 늘어나는 것도 청신호다. 연령과 상관 없이 싱글들은 혼술, 혼밥 등을 일종의 문화처럼 즐기는데, 커피도 예외는 아니다. 싱글 인구가 늘수록 카페를 찾아 커피 한 잔의 여유를 즐기는 사람도 늘어날 것이다.

심지어 고령화도 커피전문점에는 큰 위협요인이 아니다. 현재 주요 생산연령층의 생활 패턴이 크게 바뀌지 않는다면 훗날 노인이 되어도 '내가 좋아하는 그 커피'를 찾을 것이기 때문이다. 물론 고령인구는 가처분소득이 줄고 활동범위가 좁아져서 예전만큼 자주 카페를 찾지는 못하겠지만, 그래도 지금의 고령인구보다는 10년 후의 고령인구가 커피전문점을 더 많이 방문할 것이다.

여러 가지 측면에서 커피전문점의 미래는 다른 산업에 비해 밝다. 그러나 위협요인이 아예 없는 것은 아니다.

이들이 걱정해야 하는 것은 소비시장이 아니라 노동 시장이다. 일단 내부 인력의 고령화 문제를 해결해야 한다. 사장이 직접 커피를 내리는 소규모 매장이 아닌 기업형 커피전문점에서는 젊은 바리스타를 채용하기가 점점 어려워질 것이다.

그렇다면 은퇴한 바리스타를 채용하면 어떨까? 실제로 뉴욕 스타벅스에서 은퇴한 바리스타를 고용했는데 반응이 나쁘지 않았다고 한다. 우리나라에서도 같은 효과를 기대해봄 직하다. 중후하고 젠틀한 인상의 바리스타가 커피를 내려준다면 마치 장인匠人의 서비스를 받는 것처럼 느껴져 고객들이 좋아하지 않을까?

고용 문제는 어떻게든 해결한다 해도 HR과 관련해서 풀어야 할 과제가 더 남아 있다. 무엇보다 큰 변수는 주 고객인 생산연령층의 일 문화가 변화하고 있다는 것이다. 이는 긍정적, 부정적 측면을 모두 가지고 있다.

긍정적인 변화는 옛날식 일 문화를 고수하는 이들이 현역에서 점차 물러나고 있다는 것이다. 점심 먹고 동료들끼리 커피 한 잔 할까 하는데 부장님이 전화나 메신저로 찾는다. 그래서 커피전문점에 가는 걸 포기하고 그냥 탕비실 커피를 마시게 된다. 그런데 이제는 노동 시장이 유연해져서, 나이 어린 사람이 팀장이 되기도 하고 은퇴한 사람이 다시 팀원으로 들어오기도 한다. 그렇게 된다면 과거처럼 경직된 문화 때문에 여유로운 커피 타임을 포기해야 하는 불상사가 줄어들 것이다. 노동 시장의 유연화는 피할 수 없는 흐름이므로, 부장님 때문에 커피전문점이 매출을 못 올리는 일은 확실히 줄어들 것이다.

예의 주시해야 할 것은 부장님이 아니라 직장인의 바쁜 일상 그 자체다. 앞에서 압축 근무, 정시퇴근 제도가 확대됨에 따라 밖에서 여유롭게 커피 한 잔 하기보다는 회사에서 간단하게 마시는 경우가 더 많아질 것이라 했는데, 왜 이런 제도가 나왔는지를 생각해봐야 한다. 주요 생산인구는 곧 주요 소비인구이기도 하다. 이들이 하도 야근에 치여 퇴근 후 소비할 시간도 없을 지경이 되자 정부 차원에서 나온 대책이다. 여기에 초저출산까지 겹쳤다. 인구가 많을 때에는 굳이 부추기지 않아도 알아서 소비가 되었는데, 이제는 그렇지 않다.

누구에게나 하루는 똑같이 24시간이므로, 사람들이 일만 너무 많이 하면 소비할 시간이 줄어드는 건 당연하다. 그런데 유독 '업무시간-소비시간' 간의 제로섬 게임에 크게 영향 받는 산업들이 있다. 외식과 같이 직접 체험하며 획득하는 데 효용가치가 있는 산업이 그렇다. 한국 직장인들이 너무 바빠서 분위기 있게 밥 먹을 시간조차 내기 어렵게 되자 정부가 나서서 근로시간을 단축하고 '저녁이 있는 삶'을 추구하는 새로운 일 문화를 제도화하겠다고 발표하기에 이르렀다.

업무시간을 줄이고 소비시간이 늘어난다면 커피전문점에는 좋은 일 아닌가? 그러나 이게 생각처럼 간단치 않다. 아무래도 여가 시간이 늘어나면 카페에 여유롭게 앉아서 커피 한 잔 할 수 있는 시간도 늘어날 것이다. 그런데 업무시간 중에는 오히려 커피 타임이 없어진다. 이미 근로시간이 단축되면서 많은 기업들에서 집중 업무 시간을 두어 노동을 통제하고 있는데, 평일에 좋아하는 카페를 찾아 여유를 부리기란 거의 불가능하다. 아마도 탕비실의 인스턴트 아메리카노가 더 많이 소비되지 않을까? 반면 퇴근시간이 당겨지면서 굳이 회사 근처가 아니라 집 근처에서 커피를 음미할 여지는 더욱 커진다. 만일 분위기만 괜찮다면 프랜차이즈 커피전문점이 아니라 동네 카페만의 독특한 멋을 즐기는 사람이 늘어나지 않을까?

이처럼 커피 사업으로 성공하려면 주요 생산연령의 일 문화 및 정책 변화에 지속적인 관심을 가져야 한다. 흐름에 적절히 대응한다면 지금처럼 급격하지는 않더라도 완만한 성장세는 유지할 수 있을 것이다.

완만한 건 싫고 화끈한 성장을 원한다면? 자체적으로 해외진출을 도모해볼 수 있다. 우리나라에 해외 커피전문점 브랜드가 들어와 성공한 사례를 학습해 적용하는 것도 방법이다. 스타벅스가 한국에서 어떻게 자리 잡고 성장했는지 보라. 1990년대 후반에 어학연수나 유학을 다녀온 이들이 급증하면서 미국 현지에서 스타벅스 커피를 맛본 이들이 생겨났다. 그곳에서 경험한 스타벅스 커피를 한국에서 즐길 수 있게 되니 이들이 먼저 찾고 다른 이들이 따라가면서 대박이 났던 것이다. 과거 우리나라처럼 성장일로에 있는 아시아 국가에 이런 사업 모델을 적용해보면 어떨까?

인구학자가 제안하는 커피 산업의 미래시장·미래전략
Growth Determined,but How Far?

▶ 고객의 연령변동과 충성도 변화를 주목하자.

▶ 사회 전반의 일 문화 및 정책 변화에 관심을 갖자.

▶ 부족한 인력, 은퇴한 바리스타로 보완할 수 있을까?

▶ 해외진출을 도모한다면 스타벅스 코리아의
  초기 진입 및 성장과정에 주목하라.

▶ 한국과 유사한 소비경험을 줄 수 있는 해외시장은 어디인가?

인구
재구조화로
돈 버는 농업,
잘사는
농촌을

농촌 지역의 인구 문제, 나아가 위기에 처한 농산업의 미래를 생각한다면
20대 이전부터 전문화된 교육을 받을 수 있는 체제를 마련해야 하며,
대기업 및 중견기업의 경영 노하우를 농산업에 접목할 수 있는
여건을 마련해 농산업의 패러다임을 근본적으로 바꿔야 한다.

[농산업]

▶▷▷ 얼마 전 농림축산식품부에서 청년층을 위한 귀농 지원을 강화한다는 기사를 본 적이 있다.[9] 기존에 단계별로 제공하던 귀농·귀촌 교육과정을 연령별·유형별·수준별로 세분화하고, 특히 청년들을 위한 '2030 창농' 과정을 개설해 청년 귀농인들의 안정적 정착을 지원하겠다는 것이다. 영농 노하우가 풍부한 농가에서 6개월간 머물며 경작부터 판매까지 농업의 전 과정을 미리 실습해 귀농 실패를 최소화할 계획이라고 한다. (사실 엄밀한 의미에서 도시에서 태어나 살던 청년이 농촌에서 새로운 기회를 찾는 것이 귀농은 아니다.)

졸저《정해진 미래》를 출간한 후 사람들이 내게 가장 많이 한 질문은 '자녀들 사교육 정말 안 시킬 건지'와 '딸을 농고에 보내겠다는 게 사실인지'였다. 분명한 계획 없이 남들 가는 대로 인문계 고등학교를 졸업하고 대학에 가느니 농고에 진학하는 게 현실적으로 훨씬 나은 판단이라는 믿음에는 변함이 없다. 그래서 농산업 관련 정책에도 관심이 많은데, 인구학자로서 아쉬움이 큰 것도 사실이다.

젊은 인구들을 농촌으로 끌어들이기 위한 정부 정책과 지자체의 노력이 계속되고 있지만, 얼마나 실효성이 있을지 의문이다.

미안한 얘기지만 일단 머릿수만 늘리고 보자는 게 아닌가 싶기도 하다. 과연 그런 노력으로 젊은 인구가 얼마나 유입될지, 설령 온다 해도 농촌에 의료기관이나 문화시설 등이 전무한 상황에서 제대로 정착할 사람이 얼마나 될지 염려스럽다.

농촌 지역의 인구 문제는 단순히 개별 산업의 문제일 수 없다. 무엇보다 중요한 먹거리 산업이기 때문이다. 위기에 처한 우리나라 농산업의 미래를 생각한다면 20대 이전부터 전문화된 교육을 받을 수 있는 체제를 마련해야 하며, 대기업 및 중견기업의 경영 노하우를 농산업에 접목할 수 있도록 해 농산업의 패러다임을 근본적으로 바꿔야 한다. 이를 위해서는 농산업계의 인식전환 및 체질 개선은 물론 중앙정부와 지방정부의 협력이 반드시 필요하다.

2.4%의 고령 농민이 전체 인구를 먹여 살린다

먼저 농산업의 미래와 직결되는 농촌 인구부터 살펴보자. 지금 20~30대들은 잘 모를 추억의 농촌 드라마가 있다. 1980년에서 2002년까지 방영된 〈전원일기〉다. 양촌리 김 회장네를 중심으로 주변 이웃들의 소소한 에피소드를 다뤘던 전형적인 가족드라마로, 등장하는 가구 대부분이 농사를 지었다. 드라마의 중심 격인 김 회장 집은 할머니와 아버지 어머니, 두 아들 내외와 어린 막

농업 종사자의 고령화
65세 이상 1인 가구 2007년 12만 6000호
▼
2017년 14만 4000호

1~2인
가구 증가
전체 농가 중
1인 가구 18.5%,
2인 가구 54%

농촌 인구 감소
2007년 123만 가구
▼
2015년 104만 가구

[농산업의 미래를 결정할 인구현상]

작아지는 시장, 새로운 기회를 찾아라

내아들, 손주들까지 무려 4대가 모여 사는 대가족이다. 아들며느리가 농사를 짓고 어른들은 집안에서 각종 대소사를 챙기는 드라마 속 모습은 불과 한 세대 전 우리나라 농촌의 전형적인 모습이었다.

그러나 오늘의 현실은 어떤가? 인구가 줄다 못해 농촌 자체가 사라질지 모른다는 우려의 목소리가 나온 지 오래고, 4대는커녕 4인 가구조차 종적을 감췄다.

통계청 농림어업조사에 따르면 2007년에 123만 호였던 농가 수가 2017년에 104만 호까지 줄었다. 평균 가구원 수는 2.3명으로 2인 가구가 전체 농가의 절반이 넘는 54%, 1인 가구는 18%에 이른다. 65세 이상 1인 가구는 2007년 12만 6000호에서 14만 4000호로 증가했다. 인구수만 놓고 따져봤을 때, 우리나라에서 농업에 종사하는 사람들은 전체 인구의 약 2.4%에 불과하고, 그나마 60% 이상이 60대 고령자다.

인구 규모를 놓고 보면 걱정되다 못해 신기할 정도다. 농업 종사자 인구가 이렇게 고령화되었고, 더구나 그 수가 많지 않음에도 온 국민의 먹거리 보급에 아무 문제가 없다는 것이 말이다. 우리나라의 농업기술이 많이 발달했고, 농업에 종사하는 이들이 나이 들어서도 열심히 일하는 덕분이다.

문제는 10년 뒤부터다. 현재의 추세대로 보자면 앞으로 농업 종사자는 점점 줄어들 것이 분명하다. 고령의 농부들이 현업에서 물러나면 젊은 사람들이 그 자리를 이어가야 하는데, 그럴 젊은 인구가 농촌에 없다. 현 상태로는 아무리 좋은 정책이 나온다 해도 획기적으로 농촌인구를 늘리기란 불가능에 가깝다.

그렇다면 관점을 전환해야 한다. 억지로 숫자를 늘리기보다는 인구변동이라는 큰 변화의 흐름을 인정하고, 그 안에서 체질을 개선해야 한다. 체질개선을 통해 돈 버는 농업, 잘사는 농촌으로 거듭나야 한다.

특화된 교육을 통한 농업인구의 재구조화가 시급하다

농산업의 미래를 위해 다양한 제안이 나오고 있지만, 그 방안이 무엇이든 일단 생산을 담당할 인구부터 확보해야 한다. 어떤 정책이 나온다 한들 농업에 종사하는 사람이 없으면 말짱 허사다. 농촌인구의 재구조화가 반드시 필요하다는 말이다.

과연 어떻게 지금의 농촌인구를 재구조화해 생산인력을 확보할 것인가?

내가 딸을 진학시키고 싶은 '농고'는 농과학유통고등학교다. 과학기술고등학교나 외국어고등학교처럼 특화된 농업특목고를 육성하는 것이다. 농촌인구가 젊어지려면 젊은이들이 농촌에 살 수 있는 기반이 있어야 하며, 양질의 농업특목고가 단초가 될 수 있다. 현재 우리나라에는 '농고'라 불리는 고등학교가 거의 사라졌고, 남아 있는 곳도 미래의 첨단 농산업 인재를 육성하는 커리큘럼을 운영하고 있지는 못하다. 도시뿐 아니라 농촌에 살고 있는 중학생들에게도 농고는 선호 대상이 아니다. 이러한 세간의 인식을 바꾸지 않고 농촌이 젊어지기를 기대할 수 없다.

새로 세워질 농업특목고는 농촌뿐 아니라 도시의 학생들을 유치할 수 있을 만큼 매력적인 교육 커리큘럼을 갖춰야 한다. 이 학교의 목적은 대학 입시가 아니다. 농산업에 관한 한 세계 어디에 내놔도 부족하지 않을 농업 인재를 키우는 것이다. 게다가 농업에는 최종 생산품만 있는 것이 아니다. 그 안에는 농약, 비료, 종자, 포대, 포장 등 가공, 수출입까지 농업의 전 과정에 필요한 요소가 모두 포함돼 있다. 이들 각 단계에서 어떻게 부가가치를 창출할지 연구하는 인재를 키우는 것이다.

이들이 졸업한 후에는 자신이 배운 것을 곧바로 활용할 수 있도록 땅과 농산자원도 함께 지원해야 한다. 도시에서 나고 자란 아이들이 농고에서 아무리 훌륭한 지식과 기술을 연마한들, 졸업한 후에 땅 한 평 가지지 못하면 아깝게 배운 것이 허사가 되지 않겠는가. 스타트업 육성기관에서 청년 창업을 지원하듯, 농촌에 연고가 없어도 농업에 종사하고 실패해도 재도전할 수 있도록 초기에 지원하는 정책이 필요하다.

이 정도가 아니고서는 젊은 인구가 농촌에 자리 잡기 어렵다. 설령 농업인구가 전체 근로 인구 중 현재 2.4%에서 1.0%로 줄어든다 해도, 젊은 인재만 육성된다면 아무 문제없다. 농산업의 미래는 양적 팽창이 아닌 질적 성장에 달려 있다. 작은 고추가 맵다고 하지 않는가. 제대로 된 농산업 교육을 통해 젊은 인구가 유입되면 이들의 삶을 지원할 수 있는 각종 기반시설도 함께 늘고, 그것이 또 다른 젊은 인구를 불러들일 동인이 될 것이다.

교육은 공공의 영역이니만큼 정부의 정책과 지원이 중요하다. 여기에 더해 기업의 인프라를 농업에 어떻게 접목할 수 있을지도 고민해볼 과제다. 대기업의 농업 진출에 대해 농촌사회의 거부감이 큰 게 사실이지만, 젊은 인구의 유입이나 농산업 활성화를 위해서는 기업의 농업 진출 가능성을 조금 열어두어야 하지 않나 생각한다. 기업이 가진 인프라를 활용한다면 젊은 인구가 농촌에 정착하는 데 드는 기간을 조금이나마 단축할 수 있을 것이다.

농산업이 고려해볼 만한 또 다른 대안은 농업 OEM(주문자생산방식)이다. 대기업이 농업에 곧장 진출하면서 빚어지는 충돌과 시행착오를 줄이기 위해서도 농업 OEM은 매력적인 대안이 될 수 있다. 우리는 그동안 중국의 값싼 노동력을 이용해 공산품에 대한 OEM을 해왔다. 중국에서 우리의 기술과 생산공정 그리고 매니지먼트를 통해 만들어진 공산품은 우리나라로도 들어왔고 전 세계로도 수출되었다. 똑같은 방법을 농산품에 적용하는 것이다.

바로 앞에서 농특목고등학교의 당위론을 주장했지만 많은 국민들이 여전히 본인도 자녀들도 농업인이 되는 것을 원치 않는다. 아니, 농업인만이 아니라 1차 생산을 담당하는 직업 자체를 모두 기피한다. 아무리 1차 생산자의 소득이 높아도 생산을 직접 하는 사람보다는 생산을 관리하는 매니저를 선호한다. 고령자로 가득 한 농업인구가 10~15년 뒤에 거의 사라지게 되면 농산품을 우리 나라에서 생산하는 것 자체가 불가능해진다. 이런 사태를 막아야 겠지만, 한편으로는 그때를 대비해 우리의 종자부터 비료, 생산기 술, 관리 시스템, 가공기술 등 농산품 생산을 위해 필요한 모든 기 술을 가져가고 대신 현지의 저렴한 노동력과 땅을 활용할 수 있 는 나라를 발굴해야 한다. 마치 공산품 OEM을 했던 것과 마찬가 지로 하는 것이다. 물론 신선도가 중요한 농산품은 공산품과 질적 으로 다르므로 크고 작은 난관은 있을 것이다. 그래도 별다른 수 가 없다. 신선도는 냉장, 가공, 운송기술을 통해 극복하거나, 그게 불가능하면 포기할 수밖에 없다. 이미 우리 모두가 농업인이 되는 것을 스스로 포기했으니까.

농산업 OEM은 지금부터 준비해도 빠른 게 아니다. 농산업 OEM을 위한 나라를 너무 먼 데서 찾을 수는 없다. 또 우리의 먹거 리를 정치나 외교적으로 불안한 곳에서 생산할 수도 없다. 공산품 OEM에 기업이 투자한 것처럼 풀어야 할 과제가 많은 농산품의 OEM에도 노하우가 풍부한 기업이 투자해야 하고, 중앙과 지방의 정부는 이를 적극 지원해야 한다.

지금 해외 특히 중국에서 들어오는 농산품은 저급의 값싼 먹거 리로 인식되고 있지만, OEM을 통해 들어온다면 대접이 달라질 것이다. 노동력이 저렴하다면 우리 기업이 해외에서 OEM으로 생산한 농산품의 국제적 경쟁력도 올라갈 것이다. 어쩌면 15~20년 뒤, 우리 국민들 가운데 농산업 종사자는 1%도 되지 않지만 주요 농산품 수출국이 될 수 있지 않을까?

인구학자가 제안하는 농산업의 미래시장·미래전략
Total Restructuring

▶ 젊은 인구가 농촌에 올 여건을 만들자.

▶ 수준 높은 농산업 특목고를 육성하자.

▶ 국제적 경쟁력 있는 인력을 양성하고 도시 학생을 유치하자.

▶ 대기업 및 중견기업을 주축으로 해외 농산업 OEM을 준비하자.

패러다임의
변화,
선택의
여지는
없다

안 그래도 저출산 현상으로 어디나 젊은 인재를 확보하기 힘들지만
수산업은 유독 인력난이 심하다. 이유는 누구나 안다. 자녀를 배에 태울
생각을 누구도 하지 않기 때문이다. 힘들고 위험하다는 인식이 퍼져 있어서
청년인력 중에 수산업에 종사하려는 사람이 태부족이다.
그러면 누가 배를 탈 건가?

[수산업]

▶▷▷ 삼면이 바다인 우리나라는 해산물이 풍부하지만, 수산업은 그리 활기찬 느낌이 아니다. 수산업은 현재 104만 명의 종사자들이 연간 66조 원에 이르는 매출액을 올리고 있다. 그러나 농업과 마찬가지로 수산업 종사자도 점점 줄어드는 데다 고령화되고 있어 50대 이상 종사자가 절반을 넘는 실정이다.[10] 여기에 걸핏하면 녹조네 이상기온이네 해서 어려움을 겪고, 중국 어선까지 말썽이다. 해외에서 싼값에 들여온 수산물도 점점 시장을 잠식하고 있다.

국민에게 먹거리를 제공하는 중요한 기간식량산업이자 한때는 수출의 한 축을 떠받쳤던 수산업이 왜 이렇게 위축되었을까?

생산자는 줄어들고 소비 패턴은 달라지고

일단 주된 경제활동인구가 감소하고 있다. 수요와 공급 모두에서 그렇다. 수산업 인구는 이미 줄고 있고 그나마 고령화되는 추세다. 여기에 더 중요한 것은 소비자의 변화다. 지금은 그래도 가끔은 회를 먹는데 이제는 먹을 사람이 많지 않다. 실제로 이런 경향이 가계동향조사에 나타난다. 전통적으로 가계 지출에서 객단가가 떨어지지 않는 몇 가지가 있는데, 육류나 수산물 등이 그렇다. 그런데 최근 수산물에 지출하는 비용이 떨어지고 있다. 반찬으로 먹는 생선은 그대로 사지만 회 등 고가의 수산물은 확실히 덜 먹는다. 고기나 회 모두 비싸기는 마찬가지이지만 고기는 포기를 못하니 회를 안 먹는 것이다. 회를 마음껏 먹으려면 10만 원을 넘기기 일쑤인 터라 이제는 회사의 회식 자리에서나 맛보는 별미가 되었다. 그런데 아뿔싸, 회식도 줄고 있다. 이러한 이유로 중고가中高價의 수산물 시장은 점차 축소될 것이다.

아울러 가구가 분화되고 비혼 인구도 늘고 있다. 그에 따라 수산물 소비 패턴이 또 바뀐다. 4인 가족일 때에는 생선구이를 먹기도 하지만 가족 없이 혼자 살면서 생선을 굽는 건 너무 거창하고 귀찮다. 이런 사람들은 차라리 회 한 접시 먹는 게 깔끔한데, 횟집에서 나오는 회는 혼자 먹기에는 양이 많다.

소비자의 이런 고충(?)을 눈치 챈 편의점에서 최근에 회 한 접시 메뉴를 만들었다. 회 수급이 편리한 강원도 편의점에서 먼저 테스트한 후 점점 수도권 쪽으로 확산되는 중이다. 1인 1회 시대가 오고 있는 것이다. 이것은 냉장기술과도 연관된다. 적은 양의 회를 신선하게 유통시키려면 뛰어난 냉장술이 필요하며, 일본은 이미 이 수준에 도달해 있다. 만약 우리나라 기업이 이 문제를 해결한다면 수산업으로서는 지금까지 없던 전혀 새로운 시장이 열릴 수 있다.

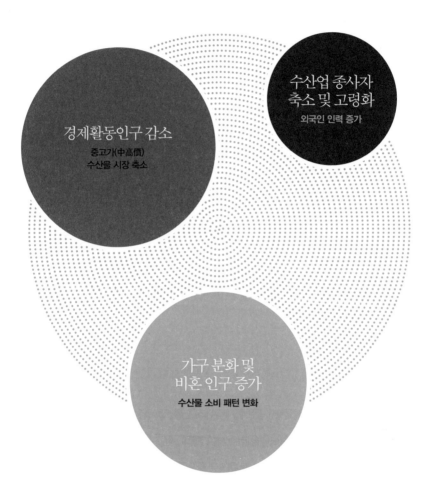

경제활동인구 감소
중고가(中高價)
수산물 시장 축소

수산업 종사자
축소 및 고령화
외국인 인력 증가

가구 분화 및
비혼 인구 증가
수산물 소비 패턴 변화

[수산업의 미래를 결정할 인구현상]

이렇듯 수산물 시장은 반드시 변화될 수밖에 없다. 기존의 시장은 작아지겠지만 이를 대체할 새로운 시장이 생길 수도 있다. 횟집 가서 활어를 잡아서 먹었던 기존의 회가, 혼자서 활어를 잡을 수는 없으니 1인용으로 나눈 회 시장으로 옮겨간 것이다. 단, 이는 수산업 혼자만의 힘으로는 어렵고 유통이 도와줘야 한다.

수산인구의 측면에서도 변화가 크다. 우선 수산업에 종사하는 인구가 줄어드는 데다 고령화되고 있다. 안 그래도 저출산 현상으로 어디나 젊은 인재를 확보하기 힘든 와중에 수산업은 유독 인력난이 심하다. 이유는 누구나 안다. 자녀를 배에 태울 생각을 누구도 하지 않기 때문이다. 힘들고 위험하다는 인식이 퍼져 있어서 청년인력 중에 수산업에 종사하려는 사람이 태부족이다. 그러면 누가 배를 탈 건가? 외국인 선원이 점점 많아진다. 아무도 배를 안 타니 선장만 한국인이고 선원은 다 외국인인 배가 이미 많다.

수산인구의 감소는 수협 자본의 위기로 이어진다. 수협이나 농협은 협동조합인 만큼 조합원들은 지분을 가진다. 그런데 더 이상 농사지을 사람이 없고 고기 잡을 사람이 없다면 어떻게 될까. 많은 조합원들이 조합에서 탈퇴하고 지분을 빼가려 할 것이다. 처음에 1000만 원 넣어서 5000만 원까지 키운 사람들이 지분을 빼간다고 생각해보라. 처음 몇 명은 괜찮겠지만 나중에는 협동조합 전체의 지분 및 자본규모가 바뀌는 정도에 이를 것이다. 그렇다고 신규 가입자가 늘어나는 것도 아니다. 수협으로서는 심각한 문제가 아닐 수 없다.

줄이지 말고 R&D하라

이렇다면 수산업은 어디에서 활로를 찾아야 할까? 수산업 종사자가 줄어드니 규모를 축소해야 할까?

내 생각은 그렇지 않다. 오히려 수산물 관련 R&D나 규모를 확대하는 것이 방법이다. 농협에서 하는 일을 생각해보면 힌트가 있다. 농협은 농산물을 집하해 공판해주는 일을 하지만 그게 전부가 아니다. 농협의 자회사를 보면 종자회사도 있고 비료회사도 있고 무역회사도 있다. 일례로 비료회사인 남해화학은 매년 초가 되면 어김없이 주가가 뛴다. 매년 이맘때마다 전국에 있는 단위농협에서 '올해 우리는 비료가 이만큼 필요하다'고 신청하면 농협중앙회가 모아서 남해화학에 주문을 넣기 때문이다. 주문량이 그동안 계속 증가했기 때문에 남해화학 주식은 주문 시즌이 되면 껑충 뛰어서 1년 내내 유지한다고 한다. 이들이 한국에서만 비료를 공급하느냐, 그렇지 않다. 최근에 농협과 베트남 농림부가 만나 상호협력방안을 논의했다. 이렇게 되면 우리나라에서 비료 수요가 줄어들더라도 해외시장에서 매출을 보전할 수 있다.

물론 우리 기술이 이미 이만큼 발전했기 때문에 진출할 해외시장도 있는 것이다. 수산업도 그동안 상당한 발전을 이루었다. 우리나라는 일본만큼은 아니어도 해산물 가공 수준이 높으며, 특히 해산물을 건조하는 데 발군의 실력을 자랑한다. 이러한 기술을 다른 나라에 가져가면 된다. 즉 R&D를 강화하고 관련 제품을 확대하는 것이다.

이를 기반으로 인구변동 흐름에 맞는 상품을 개발하자. 인구구조가 바뀌고 있는데 과거처럼 고기를 잡아 공판해서 횟집을 열면 큰일 난다. 횟집 갈 사람이 줄어든 데다, 물고기는 큰데 같이 먹을 사람이 없어서 1인분만 시키는 와중에 다들 특정 부위만 찾는다면 어떻게 하겠는가? 이제는 수산물을 가공하는 것뿐 아니라 1~2인 수요자에게 어떻게 공급할 것인지를 먼저 고민해야 한다. 이는 개별 종사자보다는 수협이 주도적으로 풀어야 할 과제다.

궁극적으로는 수산업 미래 세대에 대한 대책이 있어야 한다. 만약 이것이 불가능하다면 사회적 합의라도 있어야 한다. 지금처럼 어부가 되고 싶은 사람이 없다면 하다못해 이제 수산물은 다 수입하는 걸로 국가적으로 합의라도 해야 하지 않겠나. 이게 너무 한 말이라면, 외국인을 더 많이 고용할 수 있게 해주고 그들의 노동조건을 좋게 만드는 데 대한 합의라도 있어야 한다. 현재 외국인 선원은 두 가지 경로로 한국에 들어와서 일하는데, 하나는 외국인선원제도를 통해서이고 다른 하나는 일반적인 고용허가제를 통해서다. 전자의 경우 중도이탈률이 26.8%인 데 반해 후자는 49.2%나 된다.[11] 전문 어업종사자와 미숙련자의 차이일 것이다. 선원이 이탈하면 조업 자체가 어려워지는 것은 당연하다. 어업의 특성을 반영해 선원과 선주 모두를 위한 제도개선을 해야 한다. 이러한 사회적 합의가 안 된 상태이니 한국 배는 점점 줄어들고, 우리 영해에서 중국 배가 고기를 잡아 중국산 수산물로 둔갑하는 사태가 벌어지는 것이다.

　수협과 농협과의 관계를 재설정할 필요도 있어 보인다. 농업보
다 수산업 종사자가 더 급감하고 있는데, 그럴 경우 수협이 계속
유지될 수 있는지 진지하게 자문해보아야 한다. 과거에도 축협이
농협과 합쳐진 선례가 있다. 농·축·수협이 합쳐져야 규모의 경제
가 가능할지도 모른다. 이 밖에도 직원들의 연령구조 및 수산업
종사인력을 고려해 미래의 HR 전략을 마련하고, 금융기관으로서
금융 산업의 위기국면을 돌파하는 과제도 풀어야 한다. 이 모든
패러다임 변화는 선택이 아니라 필수임을 잊어서는 안 된다.

인구학자가 제안하는 수산업의 미래시장·미래전략
Paradigm Shift

▶수산물 관련 R&D에 박차를 가하고 관련 상품을 확대하자.

▶인구변동을 고려한 상품을 개발해 부가가치를 키우자.

▶수산업 인력 양성에 대한 사회적 합의가 필요하다.

▶수협과 농협과의 관계 재설정을 고려하자.

아시아
시장에서
전환의
발판을
마련하자

지금까지 우리나라 대형차의 주요 소비층은 50대였다.
그런데 그들이 60대가 되고, 현재의 40대가 50대가 될 것이다.
10년 전의 50대와 지금의 50대, 10년 후의 50대는
경험과 사고방식이 전혀 다르다.
당연히 소비 패턴도 다를 수밖에 없는데,
이것이 자동차 소비에 결정적인 영향을 미친다.

[자동차 산업]

▶▷▷ 최근까지 한국의 경제성장을 견인해왔다고 평가받는 대표적 산업이 자동차 산업이다. 내 청소년기를 돌이켜봐도 대형 선박을 빼곡히 채운 한국 자동차들이 해외로 수출되는 장면이 저녁 뉴스에 자랑스럽게 나오곤 했다. 그로부터 불과 한 세대도 지나지 않은 지금, 한국 자동차 산업의 미래는 어떨까?

다른 요인은 차치하고 인구학적으로만 바라보면, 한국의 자동차 산업이 앞으로도 좋은 성적을 거둘 것이라 낙관하기는 어렵다. 인구변동과 함께 자동차 구매 패턴이 달라지고 있는데, 이게 결코 한국의 자동차 기업에 유리하지 않다.

먼저 대형차를 보자. 대형차는 경차에 비해 마진이 크다. 그러니 자동차 회사는 대형차를 많이 팔아야 한다. 대형차는 누가 살까? 2015년 당시 국산 대형차의 주 소비층은 은퇴 직전의 베이비 부머 1세대였다. 《정해진 미래》에서 말했듯이 '인생 마지막 차'를 화끈하게 지르고 3년 동안 열심히 할부금을 갚았다. 그리고 이제 그들이 은퇴하기 시작했다. 그들은 더 이상 자동차 회사의 고객이 아니다. 인생 마지막 차를 사버렸으니까. 이제 새로운 고객을 찾아야 하는데, 과연 잘될까?

소형차 시장은 어떨까? 소형차는 주로 젊은 사람들이 산다. 하지만 누차 언급했듯이 젊은 인구는 갈수록 줄어들 것이다. 소형차 시장 자체가 작아진다는 뜻이다. 더욱이 이들은 한국 자동차만 보는 게 아니라 세계 모든 자동차 중에서 고른다. 여건이 된다면 국산보다는 폼 나는 외제차를 구매할 가능성이 크다.

조금 극단적이긴 해도 이는 자동차 산업뿐 아니라 국내 제조업 전반에 걸친 위기 상황이다. 그렇다고 넋 놓고 있을 수는 없는 노릇. 지금부터라도 돌파구를 찾아야 한다.

베이비부머 1세대 같은 소비자는 앞으로 없다

먼저 자동차 산업의 미래와 연관이 있는 인구현상부터 살펴보자. 첫째, 가구 및 가구주의 변화다. 가구의 변화, 즉 가구원 수가 줄고 가구 수가 느는 것은 우리나라 산업계 전반에 영향을 주는 공통된 현상이다. 그런데 자동차 산업은 이 중에서도 가구주의 변화에 특히 주목해야 한다. 가구 단위로 소비하는 제품의 속성상 가구주의 연령과 성향이 자동차 소비에 큰 영향을 미치기 때문이다. 지금까지 우리나라 대형차의 주요 소비층은 50대였다. 그런데 그들이 60대가 되고, 현재의 40대가 50대가 될 것이다. 그런데 앞서 렉시스 다이어그램에서 보았듯이 같은 50대라도 10년 전의 50대와 지금의 50대, 10년 후의 50대는 경험과 사고방식이 전혀 다르

[자동차 산업의 미래를 결정할 인구현상]

다. 당연히 소비 패턴도 다를 수밖에 없는데, 이것이 자동차 소비에 결정적인 영향을 미친다.

단적으로 말해 기존의 50대까지는 국산차에 대한 애정이 있었다. 서울대학교 교수들도 국립대 교수라는 의식이 있어서인지 50대는 대부분 국산차로 출퇴근한다. 그러나 나 같은 40대만 해도 국산차 비율이 현격히 떨어진다. 젊어서 해외에 나가본 경험이 있기 때문에 외제차에 대한 선호와 동경이 앞 세대보다 뚜렷하다. 돈이 있으면 외제차를 구입하는 데 거리낌이 없다. 내 또래가 50대가 되고 은퇴 전에 마지막 차를 구입한다면, 과연 국산차가 선택될까?

둘째, 소비인구의 전이轉移다. 베이비부머 1세대는 은퇴를 시작했고, 20~30대 인구는 급감한다. 10년쯤 후에는 20~30대 인구가 현재의 3분의 2 수준이 될 것이다. 이와 함께 베이비부머 2세대가 50대에 진입하기 시작했다. 여기에 가구가 분화되고 1인 가구가 늘어나는 현상이 동시에 일어나고 있다.

셋째, 노동인구 피라미드의 변화다. 박사급 인력은 앞으로 적어도 15년은 차고 넘치는 반면 젊은 학부 인력은 찾기 힘들어질 것이다. 내가 미국에서 학위를 받을 때만 해도 미국의 베이비부머 세대가 은퇴하던 시점이라 미국에서 교수 되기가 지금처럼 어렵지 않았다. 하지만 그 후 박사급 인재 채용 시장이 모두 닫혔다. 미국에서 안 되면 한국에서 자리 잡으면 되겠다 싶겠지만, 한국은 사정이 더 심각하다. 대학 자체가 정원을 채우지도 못할 위기에 처했는데 교수를 신규 채용하겠는가? 설혹 어렵게 자리 잡는다 해도 언제까지 유지할 수 있을지 의문이다. 기업이라고 다를 것 없다. 과거에는 박사급 연구인력을 뽑아놓으면 자꾸 대학에서 데려가는 바람에 신경을 곤두세웠는데 지금은 적어도 이런 인력난은 걱정하지 않아도 된다.

단, 기업 입장에서 이와 같은 느긋함은 박사급 인력에 국한해서다. 일반 사무직 및 생산직 인력을 구하기는 갈수록 어려워질 것이다. 35세 이하 인구는 이미 2000년대 초반부터 줄기 시작했다. 그동안 기업이 이를 피부로 느끼지 못했던 것은 베이비부머 1세대와 2세대가 노동 시장을 떠받치고 있었기 때문이다. 그런데 이제 곧 베이비부머들이 은퇴하고 초저출산 세대가 본격적으로 노동 시장에 진입할 것이다. 사무직뿐 아니라 공장에서 젊고 팔팔한 신규인력을 채용하는 건 과거 박사급 인력을 채용했던 것보다 훨씬 더 어려워질 전망이다.

넷째, 해외인구의 변동이다. 저성장 기류가 세계적인 추세이긴 하지만 그 와중에도 몇몇 아시아 국가들은 앞으로 성장이 기대된다. 대표적인 예가 베트남이다. 1990년대 말 이래 베트남은 연 평균 7%에 육박하는 경제성장을 이어왔다. 이에 따라 우리나라 기업들도 투자를 집중해 2014년부터는 한국이 베트남의 가장 큰 투자자본으로 부상했다. 더욱이 과거 한국의 고도성장기처럼 베트남 인구의 크기와 연령분포 등은 경제성장에 유리한 특성을 갖추고 있다.

이처럼 생산과 소비 양 측면에서 성장 가능성이 큰 아시아 지역은 위축된 한국의 내수산업에 새로운 전환의 발판이 될 수도 있다.

과거의 성장공식을 해외시장에

베이비부머 1세대가 구입할 차는 이미 다 샀고, 그 뒷세대는 국산차보다 외제차를 선호하는 경향이 뚜렷하다고 했다. 어느 쪽을 보아도 자동차 관련 기업에는 긍정적이지 않은 상황이다. 실제로 내가 연구하고 자문한 산업 중 인구전망이 가장 어두운 분야가 자동차 산업이었다.

내수시장이 어렵다면 해외에서 기회를 찾으면 안 될까? 그러나 여기에도 고려해야 할 지점이 있다. 가장 큰 변수는 중국 자동차 기업이다.

중국 자동차 시장에서 우리나라 기업은 여전히 선전하고 있다. 그런데 최근 들어 입지가 점점 좁아지고 있다. 우리 기업이 못해서가 아니라 중국 기업이 치고 올라와서다. 그들의 가장 강력한 경쟁력은 낮은 인건비다. 현재 중국의 현대자동차 공장이 우리나라의 현대자동차 공장에 비해 임금은 10분의 1 수준인데 생산성이 9배나 높다고 한다. 중국의 현대자동차가 이 정도인데 중국 자동차 회사들은 말할 것도 없다. 시쳇말로 '게임'이 되지 않는다.

이런 이유로 중국 현지 기업에 시장을 빼앗겨 대중국 수출이 어려워지고 있다. 그런 만큼 다른 나라에 더 열심히 팔아야 하는데, 그러기에는 세계 시장에서 우리나라 자동차 브랜드의 포지션이 애매하다. 조금만 가격을 높이면 도요타가 버티고 있고, 가격을 조금만 낮추면 중국차를 다시 만나게 된다. 거기다 중국차는 가격 대비 옵션이 많다는 특징이 있다. 별것 아닌 것 같아도 베트남이나 인도네시아 등 아시아 시장에서는 중국차의 이런 특성이 먹힌다. 유럽에 비해 자동차 문화가 오래되지 않은 국가들은 뭔가 기능이 많을 것 같은, 버튼이 많은 자동차를 좋아한다. 엔진보다 옵션을 본다는 것이다. 중국 자동차는 우리나라 차에 비해 가격도 싼 데다 누르는 게 많다.

　아직까지는 미국에 중국차가 수입되지 않고 있지만 중국차가 미국 시장에 진출하는 것은 시간문제로, 이미 중국의 대표적인 자동차 제조사 가운데 하나인 광저우자동차GAC는 2019년을 미국 진출의 해로 선언했다. 그들은 우연이라 하는데 GAC의 대표적인 차가 마침 미국 대통령의 이름과 유사한 '트럼프치Trumpchi'다. 이름이 뭐든 간에 중국차가 미국 시장에 들어가는 순간 한국의 자동차 산업은 이래저래 타격을 받을 수밖에 없다.

　그렇다면 해외시장을 포기해야 할까? 그럴 수는 없다. 어찌됐든 성장하는 아시아 국가들이 눈앞에 있지 않은가. 인구학자로서 제안하자면, 우리나라에서 자동차 산업이 발전했던 시기에 어떤 인구변화가 있었는지 되새겨볼 것을 추천한다.

국내 자동차 업계가 성장의 태동기에 들어선 것이 1980년대 말 ~90년대 초다. 당시 급증한 30대 인구가 자동차를 사기 시작했다. 바로 엑셀이다. 그들이 나이 들고 결혼하여 자녀를 낳고 소득이 높아지면서 중형세단인 쏘나타가 대세가 되었고, 이후 나이가 더 들면서는 한층 고급화된 그랜저를, 50대에 들어서면서는 제네시스를 찾았다. 즉 우리나라 자동차 산업은 베이비부머 1세대와 역사를 같이한 것이다. 이러한 전략을 이제 성장기에 들어선 아시아 국가에도 적용해보면 어떨까. 앞서 화장품 산업에서 제안했듯이 과거 우리나라에서의 성공 공식을 응용해 적용하는 것이다.

자동차 산업의 위기는 현대나 기아 등 완성차 기업만의 위기가 아니다. 완성차 회사가 어려워지면 수많은 부품공장도 어려워진다. 이들은 어떤 활로를 모색해야 할까?

이들이야말로 중국 진출에 도전해봄 직하다. 완성차 업체와 달리 부품 생산업체는 중국 자동차 기업과 협력관계를 맺을 수 있으니 말이다. 중국 자동차 회사에 질 좋은 부품을 안정적으로 공급할 수 있다면 지금의 위기가 오히려 기회가 될 수도 있다. 자동차의 내수시장이 침체국면에 접어든 지금, 굳이 국내 완성차에만 목을 매고 전전긍긍할 필요가 없다.

더욱이 중국 자동차 업체가 베트남이나 인도네시아에 공장을 세우려 할 때, 그 공장에 부품을 제공할 수 있다면 오히려 지금보다 시장규모가 더 커질 가능성도 있다. 쉬운 일은 아니지만, 국내 완성차 회사에 생존권을 내맡길 바엔 중국의 자동차 부품기업들이 넘볼 수 없는 기술력을 바탕으로 중국의 완성차 회사와 협력해 미개척 시장에 도전해볼 만하지 않을까.

인구학자가 제안하는 자동차 산업의 미래시장·미래전략
Do not Miss Demographic Dividend in ASEAN

▶ 대형차 구매층인 베이비부머 1세대가 은퇴한다.

▶ 가구주의 소비 패턴이 변화하고 있다.

▶ 노동인구 피라미드가 변화할 것이다.

▶ 성장 잠재력을 갖춘 아시아 지역 시장에 진출하자.

▶ 부품업체와 중국 제조사와의 협력관계를 구축하자.

10년은
호황,
그다음은?

인생에 매우 중요한 전환점이 생기면 우리가 으레 하는 행동이 있다.
과거를 정리하고 미래를 준비하기 위해 여행을 떠나는 것이다.
퇴사, 나아가 은퇴는 매우 중요한 생애사다.
그래서 떠난다.

[여행 및 항공운수업]

▶▷▷ 여행이나 항공운수업은 어떨까? 인구구조의 변화가 여행 산업과 항공운수업에 위기일까, 아닐까? 답부터 말하자면 해외여행을 취급하는 여행 산업과 항공운수업에는 위기가 아니다. 앞으로 10년간은 나쁠 이유가 없다.

우리나라의 해외여행이 자율화된 때는 1988년이다. 그래도 여행을 해외로 가기 위해서는 소양교육 등을 받아야 했고 번거로운 신원절차도 여전했다. 군대를 다녀오지 않은 사람은 단수여권을 받아야 했고, 우리나라의 경제력이 낮았던 만큼 거의 대부분의 상대국은 비자를 요구했다. 젊은 독자들은 아마도 '깜놀'할 일이지만, 그땐 그랬다.

군대를 다녀오지 않더라도 복수여권을 받을 수 있고 소양교육도 없어져 실질적으로 해외여행이 자율화된 때는 1992년이다. 이때부터 해외로 출장이 아닌 여행을 가는 이들이 급증했다. 하지만 모든 국민이 그런 것은 아니었다. 경제적인 이유도 있고, 어린 자녀를 해외에 데려가는 것도 매우 낯설고 어색했을 때다. 당시 해외로 여행을 가기 시작한 이들은 주로 대학생들이었다. 1990년대 중반에 대학에 다녔던 독자들은 모두 기억하실 터다. 방학만 되면 얼마나 많은 해외 배낭여행 상품과 영어 어학연수 상품을 홍보하는 전단지가 캠퍼스 곳곳을 도배했는지. 이들이 졸업하고 취업하고 결혼하고 자녀를 키우면서 해외여행이 그야말로 보편화되었다. 요즘에는 명절이나 연휴 때마다 해외여행객이 사상 최대 기록을 갈아치우고 있다. 앞으로 이 추세는 계속될 것이다. 우리나라의 인구변동이 해외여행객 기록을 매년 갈아치울 것이 분명하다.

그만두고 훌쩍 떠나는 사람들이 많아진다

여행 및 항공운수업이라면 무엇보다 먼저 은퇴 인구에 주목해야 한다. 2018년, 58년 개띠들이 은퇴한다. 물론 이미 은퇴한 이들도 적지 않지만 공무원, 공공기업 근로자 그리고 생산직 58년 개띠들에게 2018년은 인생에서 매우 중요한 전환점이 된다. 2018년에 58개띠들 약 75만 명이 60세가 되었다. 앞으로 이 연령대에 들어오는 사람들의 수는 해마다 증가할 것이다.

은퇴한다고 해서 모든 사람들이 일을 안 하는 것은 당연히 아니다. 하지만 20대에 시작한 일을 그만두는 것은 당사자는 물론이고 가족, 특히 배우자에게도 매우 중요한 변화임에 틀림없다. 이 변화를 2019년부터 2034년까지 (2024년만 예외적으로 70만 명대 중반) 매년 80만 명 가까이 경험하게 된다.

인생에 중요한 전환점이 생기면 우리가 으레 하는 행동이 있다. 과거를 정리하고 미래를 준비하기 위해 여행을 떠나는 것이다. 은

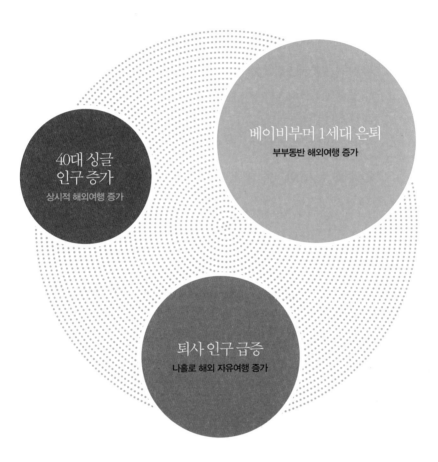

[여행 및 항공운수업의 미래를 결정할 인구현상]

퇴는 매우 중요한 생애사적 사건이다. 특히 평생직장을 떠나는 베이비부머 1세대에게는 더욱더 그러하다. 이들은 주로 남편이 일을 하고 부인은 가정주부로 살아왔는데, 과거 주부의 사회적 지위는 주로 남편의 사회적 지위를 통해 정해진 것이 사실이다. 남편이 은퇴하면 부인도 '사모님'의 지위를 내려놓게 된다. 즉 은퇴를 경험한 남편만이 아니라 부인도 무언가 정리와 준비가 필요하다. 그래서 부부가 여행을 떠난다. 그것도 해외여행.

둘째, 40대 싱글 인구가 늘고 있다. 2015년 인구센서스에 따르면 당시 40~44세 남성의 22.4%, 여성의 11.3%가 결혼하지 않은 상태였다. 이들이 갑자기 결혼을 선택할 가능성은 높지 않다. 당시 이 연령대에서 이혼을 경험한 사람도 남녀 각각 5.1%, 8.2%였다. 자녀가 있을 수 있지만, 그래도 일단 이혼을 했다면 '가족'에 영향 받지 않을 가능성이 크다. 그런 인구가 크게 늘어났다. 이들보다 5세 적은 35~39세 미혼자 비율은 더 높아서 2015년 기준 남자 33.0% 여자 19.2%였다. 이혼한 사람은 각각 2.5%와 4.3%였다.

앞에서도 설명했지만, 30대 중반 이후 혼자 사는 이들은 한국사회에 '새로 생겨난' 인구다. 이들은 10년 전만 해도 크기가 매우 작았을 뿐 아니라 경제력도 그다지 크지 않았다. 왜냐하면 당시만 해도 모든 사람들이 당연하다는 듯 결혼을 했기 때문에 결혼하지 않은 사람들은 안 했다기보다는 못했을 가능성이 높다. 그러나 지금은 상황이 180도 바뀌었다. 경제력 있는 싱글 40대가 크게 증가하고 있다. 이들이 바로 대표적인 '욜로족'이다. 35~44세 욜로족이 2015년에 211만 명이나 되었다. 욜로족의 크기는 앞으로 당연히 더욱 커질 것이다. 혼자 사는 경우 집에 대한 투자가 중요하지 않으므로 수입이 같더라도 소비 수준이 기혼자들에 비해 높다. 이들에게 1년에 한두 번씩 하는 해외여행은 여가를 보내기 위한 선택이 아닌 필수다.

셋째, 퇴사 인구가 급증한다. 이미 2017년부터 '퇴사'는 인스타그램 등 소셜미디어에서 입사에 비견할 만큼 주목받는 키워드가 되었다. 예전 같으면 어떻게 하면 취업할 수 있는지 혹은 입사 후 어떻게 회사에서 살아남을지에 관한 자기계발서가 서점가에 가득했을 텐데, 이제는 한두 권이 아니라 자기계발서 섹션의 한 부분을 퇴사와 관련한 책으로 할애할 만큼 퇴사는 젊은이들에게 각광받고(?) 있다. 퇴사의 이유는 연령별, 남녀별, 직장 경력별로 매우 다양할 것이다. 다만 과거에 비해 최근 퇴사가 급증하고 있고, 특히 젊은이들의 퇴사가 점점 더 흔해지고 있는 이유는 앞에서 소개한 싱글족의 증가와 큰 관련이 있다.

직장생활, 그것도 사원으로 직장생활을 하는 것은 과거에도 지금도 그리 달가운 일이 아니다. 신입사원 때야 아무리 힘들어도 그러려니 하면서 버틴다. 하지만 비슷비슷한 '미생'의 생활이 5년 이상 계속되면서 '내가 이 직장에서 이 사람들과 은퇴할 때까지 20~30년을 함께 갈 수 있을까' 하는 고민이 시작된다. 사직서를 만들어 가슴팍에 넣고 다니거나 책상 서랍 한 켠에 넣어둔다. 여기까지는 과거와 현재가 똑같다. 하지만 과거에는 넣어둔 사직서를 실제로 꺼내지 않았던 반면 지금은 과감하게 퇴사를 결정한다. 차이의 이유는 바로 부양할 사람이 있는지 여부다. 앞에서 언급한 것처럼 현재 30대 중후반 인구 가운데 미혼은 거의 4명 중한 명이다. 직장인이 많은 서울 등 대도시로만 따지면 3명 중 한명꼴이다. 퇴사를 마음먹고 뒤를 돌아봤을 때, 내가 부양해야 할가족이 있으면 아무래도 다시 생각하게 된다. 그런데 뒤에 아무도 없으면? 게다가 퇴사 소식을 소셜미디어에 올리면 '좋아요'가 수천 개씩 달리며 모르는 사람으로부터 응원과 축하의 메시지가 날아오는 사회 분위기라면? 어차피 한 번 사는 인생이라며 화끈하게 지를 용기가 생긴다.

퇴사의 마음은 30대 초반부터 누구나 다 갖고 있다. 하지만 실제로 퇴사하는 시점은 30대 후반이다. 마흔 즈음에는 무언가 평생을 걸 수 있는 일을 시작해야 하는데, 준비하는 시간이 1~2년은 필요할 것 같기 때문이다. 마침 '82년생 김지영'들이 이 연령대에 들어서고 있다. 같은 일을 하고도 인사고과에서 밀려난 경험이 있는 '82년생 김지영'들은 더 거리낌 없이 자기 일을 찾아 떠난다. 이들이 퇴사 후 가장 먼저 할 일이 무엇일까? 은퇴한 사람들과 다르지 않다. 바로 여행, 그것도 해외여행이다.

'화무십일홍(花無十日紅)'이 되지 않으려면

1992년 해외여행이 완전 자율화된 이후 우리나라 여행 산업은 계속 성장해왔다. 분단 상황으로 삼면이 바다로 둘러싸인 섬과 같은 지형이니 당연히 해외여행은 항공운수업과 함께 성장했다. 게다가 자동차 산업이 국가로부터 보호받았던 것과 마찬가지로 '국적기'라는 이름으로 두 개의 항공사는 국가로부터 또 국민들로부터 특혜도 받아왔으니, 해외여행객의 증가는 자연스럽게 항공운수업의 호황으로 이어졌다. 저출산·고령화가 우리나라 경제에 대단한 악재惡材임에 분명하지만, 적어도 여행 산업과 항공운수업은 인구변동 흐름을 타고 최소한 10년은 더 성장할 가능성이 매우 크다.

2018년 은퇴를 시작한 베이비부머 1세대가 은퇴 이후 반드시 할 일이 여행이다. 58년 개띠는 약 75만 명이고, 그중 절반이 남자들이니 이미 퇴직한 이들을 제외하더라도 얼추 계산해도 약 30만 명이나 된다. 이들은 결코 혼자 가지 않는다. 본인이 평생 직장생활을 할 수 있도록 내조해준 부인과 함께 떠난다. 이들이 '뭉쳐서' 뜰까, 아니면 부부끼리 '나홀로' 뜰까? 당연히 뭉쳐서 뜬다. 베이비부머 1세대는 해외 경험에 익숙한 세대가 아니다. 언어도 그렇고 먹거리도 그렇고, 뭔가 찾아다니며 도전하기는 부담스럽다. 그럴 때 찾는 것이 바로 뭉쳐서 뜨는 상품이다. 때마침 TV 예능 프로그램에서 뭉쳐서 뜨는 여행상품을 소개해준다. 실상이야 어떻든 연예인들이 뭉쳐서 떠주니 우리도 뭉쳐서 뜬다.

이들이 저 멀리 미국, 유럽, 호주, 남미 등 아주 이국적인 곳으로 갈까? 아니면 일본, 중국, 베트남같이 거리도 문화도 먹거리도 우리와 가까운 아시아 국가를 찾을까? 물론 먼 나라로 가는 분들도 있겠지만 많은 경우 가까운 곳을 택한다. 혼자 가는 것도 아니고 부부동반이라 비용 부담도 적지 않으니 더욱더 가까운 곳이 선호된다.

항공사는 이들의 선택이 반갑다. 가까운 곳은 국적기와 외국기, 저가항공기의 운임 차이가 크지 않다. 그래서 편안한 국적기를 부담 없이 이용한다. 여행사에서는 이들을 겨냥해 국적기를 이용한 패키지 상품을 마치 고급상품인 것처럼 홍보한다. 이처럼 은퇴하는 부부들이 여행 산업과 국적기 항공운수업의 주요고객으로 새롭게 등장하는데, 앞으로 10년 넘게 매년 은퇴하는 사람들의 수가 80만 명을 넘을 테니 이들의 미래가 나쁠 리 없다.

은퇴자만 뜨는 게 아니라 욜로족도 뜬다. 35~44세 욜로족에게 해외여행은 시간 날 때마다 편하게 즐기는 여가라고 했다. 앞으로 결혼하지 않거나 이혼해도 재혼보다는 싱글을 택할 사람들이 더 늘어날 것이기 때문에 35~44세 인구의 총수는 줄어도 욜로족은 오히려 증가할 것이 분명하다. 이들은 베이비부머 1세대처럼 뭉쳐서 뜨는 것을 선호할까, 아니면 나홀로 뜨는 것을 선호할까? 답은 어렵지 않다. 나홀로 뜬다. 혼자 살면서 소비 수준도 낮지 않은 욜로족이 나홀로 뜰 때는 가까운 아시아보다는 먼 이국땅을 찾는 것이 당연하다. 하지만 휴가가 길지 않다면 아시아 지역도 마다하지 않는다. 여하튼 떠난다.

퇴사를 했다면 그야말로 해외여행은 필수다. 퇴사하고 앞날을 설계해야 하는데, 가까운 아시아보다는 멀거나 아주 이국적인 국가를 가야 미래가 더 잘 보일 것 같다. 퇴사를 했으니 시간도 있다. 약간의 퇴직금도 받았으니 자금도 넉넉하다. 당연히 먼 나라로 나홀로 여행을 떠난다.

35~44세 욜로족들과 중도 퇴사한 사람들이 해외를, 그것도 나홀로 떠날 때에는 베이비부머 1세대처럼 국적기를 타지 않는다. 특히 먼 나라를 갈 때에는 국적기에 비해 외국 항공사나 저가항공사의 항공권이 훨씬 저렴하다. 숙소도 다양한 호텔예약 사이트를 통해 직접 한다. 만일 장기간 투숙한다면 에어비앤비를 통해 숙박비를 절약할 수도 있다. 현지에서의 교통편은 대부분의 국가에서 통용되는 우버Uber를 이용한다. 앞으로 욜로족도 퇴사인구도 줄어들기보다는 늘어날 전망이기 때문에 베이비부머 1세대의 경우와 마찬가지로 10년간 이러한 추세가 계속될 것이다.

그렇다면 10년이 지나면 해외여행 산업은 사양길에 접어들까? 은퇴와 퇴사 그리고 욜로를 통한 해외여행은 줄어들 것이 분명하다. 그때가 되면 이 3가지에 해당하는 인구가 줄어들기 때문이다. 하지만 시장이란 사람이 완전히 사라지지 않는 한 어떻게 개척하는가에 따라 더 커질 수도 있다. 앞으로 10년의 호황을 즐기지만 말고 10년 뒤 인구구조가 어떻게 변하게 될지 예측하고, 변화된 인구에 맞춰 새로운 시장을 준비해야 한다. 예컨대 60세 즈음 은퇴한 베이비부머 1세대가 해외로 부부동반 여행을 다녀왔으니, 70세가 되면 한 번 더 해외로 나가지 않을까? 본인들의 자산이 많지 않아도 자녀들이 자리 잡았을 테니 칠순을 기념하여 부부만이 아니라 가족여행을 해외로 떠나는 상품이 지금보다 더 많아지지 않을까?

국내여행업은 어떻게 될까? 지금 대부분의 기초지자체는 각종 축제를 만들고 관광객을 유치하기 위해 노력 중이다. 과연 인구변동이 국내여행업에도 해외여행 및 항공운수업에 줄 기회를 나누어줄 것인가?

안타깝지만 그럴 가능성은 그다지 커 보이지 않는다. 지금 지자체 축제의 주된 고객은 어린 자녀와 함께 온 가족들과 일흔 이상의 고령자들이다. 앞으로 어린 자녀의 수는 지금보다 훨씬 줄어들 것이 기정사실화되고 있다. 겨울이면 마치 서울과 강원도의 아이들을 다 모아둔 것처럼 호황을 누리고 있는 화천 산천어 축제의 미래도 장담하기 어렵다.

주로 고령자들을 대상으로 한 축제들은 어떠할까? 앞으로 고령자는 더 많아지니 그 축제들의 미래는 밝지 않을까? 이미 앞 장에서 이야기한 바와 같이 시장은 연령만이 아니라 코호트가 누구냐에 따라 크게 바뀐다. 오늘의 70대와 10년 뒤의 70대는 전혀 다른 인구집단이다. 이들은 젊었을 때 살던 곳, 직업, 교육수준, 그리고 여행 경험까지 오늘의 70대와는 전혀 다른 삶을 살아왔다. 이들이 일흔이 넘었으니 국내로 여행을 다니고 지자체들의 각종 축제를 가줄 것이라고? 천만의 말씀이다. 지자체들은 과거의 관행에서 벗어나 인구가 변해가는 모습을 확인하고, 이를 적극 활용해 새로운 지역 관광 상품을 만들어야 한다. 왜 은퇴자, 퇴사자 그리고 욜로족은 해외로만 가야 하는가? 그들을 불러들이는 지역 관광 산업은 정말로 불가능할까?

인구학자가 제안하는 여행 및 항공운수업의 미래시장·미래전략
Continued Growth with Life Course Change

▶ 베이비부머의 은퇴, 30~40대 욜로족 및 퇴사자의 증가로 상승세를 이어갈 것이다.

▶ 국내여행의 견인차였던 3~4인 가족은 줄어들 것이다.

▶ 10년 호황 이후의 인구변동에 맞는 새로운 컨셉을 준비해야 한다.

빅브라더가
사라진
자리에
불확실성이

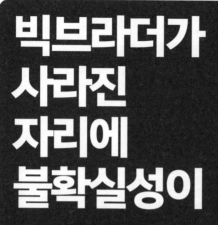

인구고령화는 금융 시장에 무기력증을 가져올 것이라는 말들이 무성하다.
하지만 앞으로의 은퇴인구는 과거의 은퇴자들과는 다른 경제활동을 할 것이다.
또 중년 인구가 줄어들어 시장이 축소될 것은 맞지만
'중년 싱글'이라는 새로운 인구집단이 대규모로 등장하고 있다.

[금융 시장]

▶▷▷ 경제 규모가 커지면서 우리나라 금융 시장은 빠르게 성장해왔다. 그 와중에 1990년대 말 IMF 외환위기, 2008년 미국발 국제금융위기 같은 위험요소들이 적지 않았지만 우리나라의 금융 시장은 꽤 견고하게 이를 버텨냈다. 위기 때마다 온 국민이 허리띠를 졸라매며 어려움을 함께 나누고 뼈를 깎는 구조조정을 감내했는데, 이것이 위기를 버텨낸 힘이었다.

그런데 여기에 그동안 간과되었던 주요 버팀목이 하나 더 있다. 인구학의 관점에서 보면 2000년대 우리나라의 인구구조도 금융 시장이 위기를 극복하고 성장하는 데 빼놓을 수 없는 큰 힘이었음에 틀림이 없다.

우리나라 금융 시장은 은행, 증권, 카드 그리고 보험으로 구성돼 있고, 국민연금이나 공무원연금과 같은 연기금이 주요 플레이어다.

경제활동을 주로 하는 25~54세 인구의 규모가 어느 정도 되면 예금도 많이 하고 대출도 많이 하니 은행의 성장에 유리하다. 이들은 아직은 젊고 소득도 충분하기 때문에 재산 증식을 위해 주식투자를 마다하지 않아 증권사의 성장에도 기여한다. 소득이 있으니 소비도 적지 않다. 카드사가 성장하기 딱이다. 게다가 대부분 결혼해서 가정을 꾸리는데, 본인의 유고시 남게 될 가족을 생각하면 보험가입이 필수다. 보험사가 성장하지 않으면 오히려 이상할 지경이다. 그뿐인가. 이 연령대에 소득이 있는 모든 이는 국민연금이나 공무원연금 등 공적인 연금에 가입하는 것이 국민으로서의 의무다. 매달 들어오는 엄청난 기여금 덕에 연기금은 금융 시장에서 가장 큰 투자자가 되었다. 동시에 금융 시장에 어려움이 생기면 등장해 해결해주는 빅브라더로서의 역할도 수행해왔다.

인구 고령화가 경제성장의 최대 걸림돌이 될 것이라는 이야기를 2000년대 초반부터 들어왔다. 그런데 우리나라의 경제, 특히 금융 시장은 2000년대 초반부터 최근까지도 계속 성장해왔다. 어째서 우리나라만 인구변화의 공식을 비켜갔을까? 그 이유는 바로 25~54세 인구 덕분이다. 2000년 이후 인구 고령화에도 불구하고 일하는 인구는 지속적으로 증가했다. 통계청 추계로 2000년에 이 연령대의 인구는 약 2220만 명이었고 2009년 2465만까지 증가했다. 이후 다소 줄었지만 2017년에도 2371만 명으로, 2000년보다 150만 명이 더 많다. 이처럼 주된 생산과 소비를 담당하는 25~54세 인구가 고령화 흐름 속에서도 계속 증가하고 유지된 것이 은행, 증권, 카드, 보험, 그리고 연기금에 더할 나위 없이 좋은 조건이 되었다.

그렇다면 앞으로는 과연 어떨까?

국민연금 납부자 감소 및
수령자 급증

2017년 신규수령자 53만 명
2020년 이후
매년 65~75만 명씩 연금 수령 시작

베이비부머
은퇴 시작

30~40대
비혼 증가

연령별
인구규모 급변

20~40대 인구 감소
60대 이상 고령인구 급증

[금융 시장의 미래를 결정할 인구현상]

우리나라 금융 시장의 미래를 결정할 첫 번째 인구현상은 은퇴
자 급증이다. 베이비부머 1세대는 1955년생부터 1964년생이다.
2018년 약 75만 명의 58년 개띠들이 은퇴연령에 들어왔다. 물론
60세 이전에 은퇴한 이들도 많지만, 그래도 2021년까지 매년 은
퇴연령에 들어오는 인구는 지속적으로 증가할 것이다. 은퇴 이후
경제활동은 현역 때보다 상대적으로 위축되는 것이 지금까지 일
반적인 모습이었다. 베이비부머들이 기존 은퇴자들의 전형적인
모습대로 살아간다면 금융 시장은 위축될 수밖에 없다. 소득이 줄

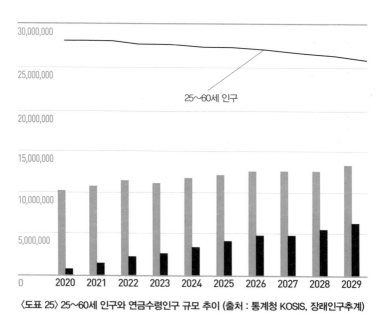

〈도표 25〉 25~60세 인구와 연금수령인구 규모 추이 (출처 : 통계청 KOSIS, 장래인구추계)

어드니 소비가 준다. 투자도 줄이거나 보수적인 성향으로 바뀐다. 보험 상품도 은퇴자에게 보험료를 내라고 하지 않는다. 이처럼 은퇴자 급증은 그 자체로 금융 시장에 큰 영향을 주게 된다.

둘째, 베이비부머가 은퇴를 넘어, 곧 연금 수령자로 전환된다. 국민연금의 경우 1957~60년생은 만 62세부터, 1961~64년생은 만 63세부터 연금을 수령한다. 2018년 은퇴연령에 접어든 58년 개띠들은 조기수령을 시작한 경우가 아니라면 2020년부터 연금을 받을 수 있다. 그런데 2017년에 연금을 받기 시작한 신규 수령자들이 이미 53만 명이다. 이들 1956년생의 인구 크기는 약 67만 명이었는데, 이들보다 58년 개띠들의 인구가 더 많다. 이들부

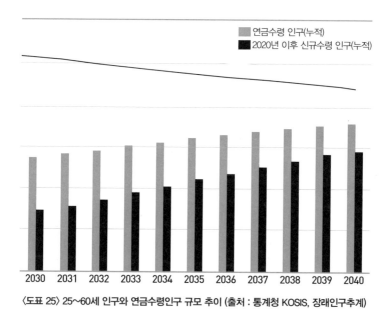

〈도표 25〉 25~60세 인구와 연금수령인구 규모 추이 (출처 : 통계청 KOSIS, 장래인구추계)

터 1961년생까지 매년 적어도 65만~75만 명이 새로운 연금수령자로 편입된다. 국민연금으로서는 엄청난 부담이 아닐 수 없다. 2018년 국민연금 가입자는 약 2190만 명, 보험납부자의 수가 약 1800만 명으로 사상 최대가 되었다고 하지만 상승세는 곧 꺾일 전망이다. 반면 58년 개띠들이 연금을 수령하기 시작하는 2020년 이후 베이비부머들이 대거 수급자 대열에 합류하면서 수급자의 수는 매년 사상 최대로 늘어날 전망이다(〈도표 25〉 참조).

셋째, 각 연령별 인구의 수가 크게 요동칠 것이다. 소비와 생산을 시작하는 연령대인 20대의 경우 앞서 언급한 바와 같이 2018년 약 654만 명에서 2030년 약 456만 명까지 급감할 예정이다. 40대 인구도 줄어드는데, 2018년 약 815만 명이었다가 2030년이 되면 약 660만으로 150만 명이 줄어들 것이다. 한편 50대 인구는 약 800만~830만 명 정도를 유지한다. 당연히 60세 이상 인구는 빠르게 증가하는데, 초고령자인 90대 인구 역시 2018년 약 19만 명에서 2030년 거의 60만 명 가까이로 크게 늘어날 전망이다. 금융상품은 연령대에 따라 활용하는 내용과 금액이 같지 않으므로, 이렇게 요동치는 연령별 인구규모 변화는 금융 시장에 격변이 불가피함을 의미한다.

넷째, 싱글 인구가 30대와 40대에서 크게 증가할 것이다. 2015년 인구센서스에 따르면 당시 30대 남자의 44%, 여자의 28%가 미혼이었다. 40대는 남자의 18%가, 여자의 9%가 미혼이었다. 이 두 연령대에서 싱글의 비중은 더욱 높아질 것이고, 서울 및 수도권과 부산 등 대도시에서의 비중은 그보다 더 높아질 것이다. 현재의 40대가 10년 뒤 50대가 될 때, 많은 싱글들이 결혼하기보다는 여전히 싱글로 살고 있을 가능성도 높다.

경제활동을 하는 30대와 40대가 싱글로 산다는 것은 소비 지출의 측면에서 매우 중요한 의미를 지닌다. 결혼을 했고 또 자녀가 있는 30대와 40대는 가정을 유지하거나 자녀를 교육시키는 데 가처분소득의 대부분을 쓰는 것이 일반적이다. 만일 결혼하지 않은 채 혼자 산다면? 당연히 의식주를 유지하기 위한 기본 지출도 크지 않을 것이고 자녀 교육비도 나갈 일이 없다. 가처분소득에서 금융 관련 지출은 기혼자들보다 더 많을 수 있다. 혹은 반대로 '욜로'의 삶을 지향해 금융보다는 단순 소비 쪽으로 지출이 기울 가능성도 배제하기 어렵다.

불확실성이야말로 확실한 기회다

우리나라 금융권에는 빅브라더가 있다. 바로 국민연금을 비롯한 연기금이다. 특히 국민연금의 역할은 대단하다. 증권 시장에서 국민연금은 가장 큰 고객이다. 말 그대로 주식 시장을 좌지우지한다. 거대기업의 부도 위기 등으로 금융 시장에 자금 흐름이 막힐 때마다 언제나 국민연금이 등장한다.

국민연금이 그렇게 빅브라더가 될 수 있는 이유는 단 하나, 현찰이 많기 때문이다. 앞서 언급한 것처럼 2018년 국민연금보험 납부자는 1800만 명이 되었다. 사상 최대 규모다. 2017년 국민들이 낸 연금납입액은 40조 6000억 원인 반면 지급액은 19조 4000억 원이었다.[12] 그런데 2019년부터 국민연금 가입자는 줄고 수급자는 크게 증가할 것이다. 당연히 매달 지급해야 하는 돈이 늘어난다. 최근 국민연금연구원이 발표한 자료에 따르면 2021년에 지급액이 31조 원까지 증가할 것이라 한다. 새롭게 연금 수급자가 되는 사람들이 매년 더해지니 지급액은 갈수록 커질 것이다.

자, 상황이 이렇게 되어도 국민연금이 금융권의 빅브라더 역할을 해줄 수 있을까? 절대로 불가능하다. 매달 들어오는 돈이 나가는 돈보다 훨씬 많아야 국민연금이 약간의 손실을 감내해서라도 공격적인 투자도 하고 금융 시장에서 위기관리 기능도 해줄 수 있다. 그런데 납입자는 갈수록 주는데 수급자는 늘어난다면 더 이상 국민연금이 빅브라더 기능을 수행할 수 없다. 국민연금의 상황이 그럴진대 다른 연기금의 상황도 나쁘면 나빴지 더 좋을 리 없다.

빅브라더라 하니 부정적 느낌이 강할지 모르겠지만, 국가 전체에 파장이 올 만큼 금융 시장에 위기가 생기면 이를 메워줄 빅브라더가 꼭 필요하다. 그런데 국민연금이 그 기능을 수행하기가 점차 어려워질 것이다. 납입액이 늘지 않는 상황에서 지급액만 커진다면 해결사 역할은커녕 보수적인 투자자에 머물 수밖에 없다. 불과 10여 년 뒤 우리나라 금융 시장은 빅브라더를 잃고 위기에 취약해질 가능성이 매우 크다.

이런 상황에서 금융 시장의 개별 부문은 어떠한 미래를 맞닥뜨리게 되며, 그에 어떻게 대응해야 할까?

먼저 보험 산업은 기본적으로 신규가입자가 빠르게 줄어들게 된다. 보험, 특히 생명보험을 신규로 가입하는 사람들은 주로 사회생활을 갓 시작한 이들인데, 앞으로 이들의 인구가 급속하게 줄어들기 때문이다. 반면 보험을 해지할 사람들은 보험사가 예상해놓은 것보다 훨씬 빨리 그리고 크게 늘어날 것이다. 은퇴자의 수가 급증할 텐데, 이제는 은퇴했다고 마냥 집에서 쉴 수 없다. 앞으로 살아갈 날이 창창한데 연금액은 생활비에도 미치지 못할 정도라 새로운 도전을 하기 싫어도 해야 한다. 치킨집을 열든 경력과 경험을 살려 창업을 하든 새로운 도전에는 목돈이 수반된다. 현직에 있을 때 모아둔 돈이 있으면 좋겠지만 그렇지 못한 경우가 대부분이다. 그렇다고 은퇴한 사람에게 은행이 신용대출을 해줄 리 없다. 집을 담보로 대출을 할 수 있지만 그러다 망하면 어쩌란 말인가. 이럴 때 목돈을 손에 쥘 수 있는 방법이 바로 수년 혹은 십수년간 부어온 보험을 깨는 것이다.

보험을 해지하는 사람들이 몇 명 안 되면 보험사에는 별일이 아니다. 하지만 58년 개띠가 75만 명에, 앞으로 해마다 85만 명가량 은퇴하면 보험 해지가 급증하게 된다. 물론 보험사는 가입자가 사망하거나 해지할 것을 미리 대비해놓지만, 60세 즈음에 이렇게 한꺼번에 해지가 발생할 것을 예상하지는 못한 실정이다.

그러면 보험사는 그냥 앉아서 위기를 맞아야 할까? 천만의 말씀이다. 인구변동 때문에 보험이 깨지기도 하지만 한편으로는 새로운 보험상품 시장이 열리고 있다. 은퇴자가 창업을 위해 보험을 해지한다. 위기다. 그런데 창업할 때에는 다양한 형태의 손해보험이 필요하다. 앞서 은퇴자만 창업하는 것이 아니라 30대 중후반 싱글 인구도 퇴사 후 창업한다고 했다. 기존의 보험을 해지할 수 있지만, 그것이 보험사에는 끝이 아니다. 창업과 관련된 다른 형태의 보험상품을 개발할 여지가 충분하다.

90세 이상 초고령자가 급증하는 것도 새로운 기회가 될 수 있다. 아무리 국가가 건강보장성을 강화하려 해도 고령자 인구가 워낙 빠르게 증가하기 때문에 더 이상의 보장성 강화는 불가능하다고 보는 게 현실적이다. 어쩌면 10년 후 우리나라는 건강보장성 강화가 아니라 약화를 결정할 세계 최초의 국가가 될지도 모르는데, 그 개연성이 결코 작지 않다. 그 와중에 2030년이면 90세 인구가 60만 명에 가까워진다. 개인에게 돌아가는 의료비 부담이 더 커질 수밖에 없다. 그 지점을 생명보험사가 기회로 만들어야 한다.

신용카드 시장은 어떨까? 기본적으로 카드사의 주요 변수는 기술이다. 핀테크 기술이 하루가 다르게 발전하고 있기 때문에 앞으로도 사람들이 지금처럼 카드를 사용할지 낙관하기가 쉽지 않다. 그러나 이에 못지않게 인구요소도 카드사의 중요한 불확실 요소가 될 것이다.

먼저 매년 급증하는 은퇴연령 인구다. 지금까지 은퇴자들은 소득이 줄어든 만큼 소비도 줄였다. 그런데 이미 언급한 대로 앞으로는 은퇴자의 상당수가 창업 등으로 경제활동을 지속할 것이다. 이는 카드사에 악재가 될 수도 있고, 호재가 될 수도 있다. 경제활동을 가장 활발하게 하는 연령대인 40대는 2030년까지 약 150만 명이 줄어든다. 신규로 신용카드를 발급받고 사용하는 인구는 주로 20대인데, 이들은 2030년까지 200만 명이 준다. 카드사에 악재임에 틀림없다.

반면에 50대 인구는 유지된다. 거기에 40대와 50대 싱글 인구 혹은 욜로족이 급증한다. 가처분소득에서 본인을 위해 소비할 여력이 큰 인구집단이다. 카드사에 호재임이 틀림없다. 이처럼 신용카드 시장에 불확실성이 커진다는 것은, 상황을 어떻게 이용하는가에 따라 새로운 기회기 될 여지가 충분하다는 것을 의미한다.

은행 역시 앞으로 증가할 은퇴연령 인구에 의해 영향을 받게 된다. 물론 카드와 마찬가지로 불확실성이 증가할 것이다. 새로운 일을 도모하고자 하는 은퇴자들은 은행에서 대출을 받아 목돈을 마련하고자 할 것이다. 대출이 늘어나는 것이 은행으로서는 나쁘지 않다. 하지만 은퇴자의 신용도는 현직에 있을 때와 크게 다르다. 또 창업이 다 성공하는 것도 아니다. 호재와 악재가 공존하는 불확실 시장이다.

40대와 50대 싱글족 혹은 욜로족이 늘어나는 것도 불확실성을 가중시킨다. 늘어난 지출 여력이 소비로 이어질지, 아니면 미래를 위한 저축이나 투자로 이어질지에 따라 은행에 나쁠 수도 좋을 수도 있다.

또한 인구구조의 변동으로 우리나라 산업 전반이 다 영향을 받게 된다. 그에 따라 은행 업무와 시장의 관행도 바뀌어야 할 것이다. 이 과정에서 은행이 앞장서서 불확실 시장이 호재로 작용하도록 주도할 여지도 적지 않다.

보험, 카드, 은행 시장과 달리 증권 시장에는 인구변동이 먹구름이 될 여지가 크다. 일단 은퇴자와 고령인구가 급증한다는 것 자체가 악재다. 은퇴 이후에는 주식투자를 줄이고, 투자를 하더라도 고위험-고소득 상품보다는 적은 수익이라도 안정성을 추구하는 것이 일반적이다. 또 주식 시장의 가장 큰손은 연기금인데, 이제는 연기금 자체가 고령화의 영향을 받게 될 테니 큰손 역할을 할 가능성이 희박하다. 연기금의 투자 성향이 바뀐 이후의 주식 시장을 상상해보았는가? 그 상상이 반드시 필요한 때다.

인구 고령화는 금융 시장에 무기력증을 가져올 것이라는 말들이 무성하다. 하지만 그것은 은퇴하는 고령인구를 과거의 관행처럼 생각했을 때의 일이다. 은퇴를 시작한 58년생 개띠들부터 이미 과거의 은퇴자들과는 다른 모습을 보이고 있다. 또 중년 인구가 줄어들어 시장이 축소될 것은 맞지만 '중년 싱글'이라는 새로운 인구집단이 대규모로 등장하고 있어, 금융 시장에서는 이들의 활약을 기대해봄 직하다. 그런 면에서 커지는 불확실성이야말로 금융 시장이 놓쳐서는 안 될 확실한 기회다.

인구학자가 제안하는 금융 시장의 미래시장·미래전략
Growing Uncertainty. Is It Crisis or Chance?

▶ 연기금은 더 이상 금융 시장의 큰손 역할을 할 수 없을 것이다.

▶ 창업과 관련한 보험해지와 신규가입이 급증할 것이다.

▶ 초고령자의 의료비 부담을 고려한 보험상품을 개발하자.

▶ 소득 높은 40~50대 싱글 인구에 주목하자.

다양한
콘텐츠에
집중하자

출산율 저하와 영유아 수 감소는 이미 부정할 수 없는 현실이다.
하지만 영유아 수가 줄어든다고 무조건 규모를 줄이는 것은
근본적인 대안이 되지 않는다. 내가 하고 싶은 제안은
다운사이징하지 말고 다각화하라는 것이다.

[보육 산업]

▶▷▷ 초저출산 시대의 영향을 가장 먼저 맞게 되는 산업군을 꼽으라면 역시 어린이집, 유치원 등 어린아이들을 직접 대상으로 하는 보육 산업이다. 어린이집 원장들을 만나 이야기를 들어보면 원생 수가 점점 줄어드는 것과, 그 때문에 안 그래도 부족한 정부 지원이 줄어들지 모른다는 게 가장 고민이라고 한다. 아이가 줄고 정부 예산까지 축소되면 어린이집 규모 자체를 줄여야 하는 것 아니냐는 하소연도 들린다.

물론 시장 자체가 줄어드니 규모를 내실 있게 줄여야 하는 것은 당연하다. 다운사이징은 어린이집 등 보육 산업뿐 아니라 내수를 기본으로 하는 산업 전반이 풀어야 할 과제다. 하지만 다운사이징을 단순히 '크기'를 줄이는 것으로만 받아들여야 할까? 무조건 크기를 줄이려 들기보다는 우선 인구학적 측면에서 시장이 어떤 방향으로 변하고 있는지 파악한 다음 그에 따라 대안을 마련해야 한다.

결론부터 말하자면 다운사이징을 규모의 축소로만 받아들일 것이 아니라, 새로운 체질을 만들고 기존 체계를 개선하는 것으로 생각해야 한다는 것이다.

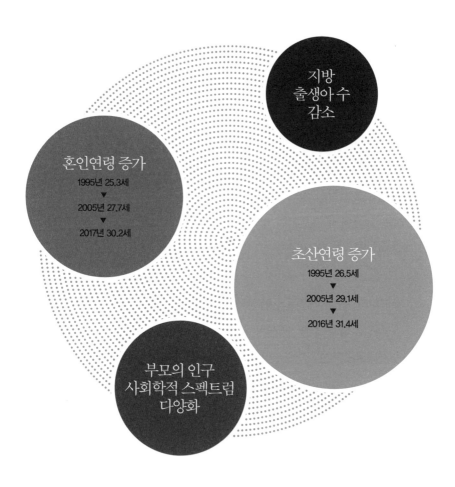

지방
출생아 수
감소

혼인연령 증가

1995년 25.3세
▼
2005년 27.7세
▼
2017년 30.2세

초산연령 증가

1995년 26.5세
▼
2005년 29.1세
▼
2016년 31.4세

부모의 인구
사회학적 스펙트럼
다양화

[보육 산업의 미래를 결정할 인구현상]

아이는 적어지고 니즈는 다양해진다

어린이집이라 해서 단순하게 출생아 수가 줄어드는 것만 보고 미래를 규정해서는 안 된다. 물론 그 영향이 가장 크겠지만, 높아진 부모 연령대와 다양한 가구 형태 등 다각적인 측면에서 인구변화를 살펴볼 필요가 있다.

그렇다면 저출산 외에 산업 관계자들이 놓치지 말아야 할 인구현상은 무엇이 있을까?

먼저 만혼 현상에 주목하자. 늦게 결혼함에 따라 평균 초산연령도 높아지고 있다. 어린이집 원장들을 만나 물어보니, 최근에는 원생의 부모들이 20대에서 40대까지 나이도 다양할 뿐 아니라 같은 동네에 살아도 직업이나 사회경제적 지위가 모두 제각각이라고 한다.

이것이 어린이집의 미래와 무슨 상관이 있을까?

불과 한 세대 전만 해도 우리 사회에는 '결혼 적령기'라는 게 있었다. 서른 살 이전에 결혼해서 첫아이를 낳는 게 당연한 공식처럼 여겨졌다. 비슷한 나이에 결혼하는 만큼 첫아이를 낳는 나이도 비슷했다. 연령대가 비슷하다는 것은 생각보다 의미가 크다. 사회적으로 비슷한 성장환경 속에 비슷한 교육을 받고, 비슷한 문화적 경험을 했다는 뜻이기 때문이다. 그래서 인구학에도 '코호트'라는 개념이 있고, 사회에서도 출생시기를 몇 년 단위로 묶어 '○○

세대'라 호명하곤 한다. 부모들이 같은 코호트에 속해 있다면 그들에게서 태어난 아이들 역시 부모들의 비슷한 경험과 시대정신의 영향을 받으며 자라나게 마련이다.

하지만 지금은 상황이 전혀 다르다. 여전히 20대에 결혼해 아이를 낳는 부모도 있지만 한쪽에서는 마흔에 결혼해 아이를 낳고, 어느 부모들은 서른에 결혼해 아이 없이 몇 년을 살다가 부모가 된다. 똑같은 네 살 아이의 부모라도 이들의 인구사회학적 스펙트럼은 다양할 수밖에 없다. 나이는 물론 그간의 경험부터 사회경제적 위치까지 제각각이다. 이는 곧 아이들이 부모로부터 제공받는 성장환경 역시 모두 다르다는 것을 의미한다. 비슷한 연령대에서 비슷한 가구를 구성하던 예전과 달리, 이제는 하나로 규정할 수 없을 만큼 다양한 연령대의 각기 다른 가구가 존재하고 있다. 각기 다른 경험치와 가치관을 가졌기에 어린이집에 대한 기대치와 요구사항도 다변화될 수밖에 없다.

또 하나, 어린이집이 놓치지 말아야 할 중요한 인구현상으로 지방의 출생아 수가 감소하는 현상을 들 수 있다. 저출산을 넘어 초저출산 현상이 나타나고 있는 것은 사회 전반의 문제이지만, 특히 지방의 경우 젊은이들이 도시로 빠져나가면서 출생아 수가 심각하게 줄고 있다. 농어촌을 비롯해 지방 중소도시에 있는 어린이집들은 특단의 대책이 필요한 상황이다. 국가가 정책적으로 출산장려제도를 마련하고 있지만 10여 년간의 성적표를 볼 때 저출산 문제가 획기적으로 개선되기를 기대하기는 쉽지 않다. 저출산 현상을 정해진 현재이자 미래로 두고, 여기에 맞춰 어떻게 패러다임을 새로 구축할지 모색해야 한다.

출산율 저하와 그에 따른 영유아 수 감소는 이미 부정할 수 없는 현실이다. 정책적 차원에서 저출산 속도를 둔화시키고 축소된 규모를 안정적으로 유지하는 것이 그나마 기대할 수 있는 현실적인 대책이다.

하지만 장기적으로 볼 때 영유아 수가 줄어든다고 무조건 규모를 줄이는 것은 근본적인 대안이 되지 않는다. 경제적 효용성만 생각하면 아이가 줄어드는 만큼 정부의 보육 관련 예산도 줄이는 게 타당해 보일지 모른다. 현재 아이 한 명당 들어가는 정부의 예산이 아이를 우리 사회가 원하는 미래의 인재로 키워내기에 충분하다면, 특히 부모들이 추가로 비용을 부담하지 않아도 될 정도라면 아이가 줄어드는 만큼 정부 예산이 줄어도 좋다. 하지만 현재의 사정이 전혀 그렇지 못하다면 아이가 줄어든다고 예산을 줄이기보다는 오히려 보육과 양육 그리고 어린이 교육에 관한 예산을 더 늘리거나, 최소한 현재 수준으로 유지하여 어린이 한 명에게 배당되는 예산이 더 커지는 정책이 나와야 한다. 그것이 현 시점에 필요한 영유아 정책이다.

즉 내가 하고 싶은 제안은 다운사이징하지 말고 다각화하라는 것이다.

우선 양적인 투자를 질적 투자로 전환해야 한다. 정부는 영유아 인구가 감소한다고 해서 관련 예산을 줄일 것이 아니라, 적게 태어난 아이들을 더 잘 키울 생각을 해야 한다. 그러려면 보육교사의 질이 굉장히 중요해진다. 교사도 열심히 재교육받아야 하고, 원장도 함께 배우면서 변화를 이해해야 한다. 정부 차원의 지원이나 대책을 기다리기보다 콘텐츠 다각화를 위한 노력을 먼저 해야 한다는 의미다.

나아가 보육의 패러다임을 바꾸는 고민이 필요하다. 어린이집 보내다가 유치원으로 옮기면 부모들이 가장 당황하는 게 있다. 바로 이른 하원시간이다. 어린이집은 오후 4시까지 돌봐주는데 유치원은 점심 먹고 귀가시키니 의아해하다가, 어린이집은 보육시설이고 유치원은 교육시설이어서 그렇다는 이야기를 들으면 더 의아해한다. 그도 그럴 것이, 어린이집에서도 한글 가르치고 예체능 수업하고, 다 가르치지 않는가. 지금 어린이집은 보육 본연의 기능 외 교육 기능을 너무 많이 가지고 있다. 보육 관련 비용은 정부에서 예산을 받아 충당한다 하지만, 여기에 교육 콘텐츠가 추가되면서 비용이 올라간다. 이것이 과연 옳은 방향인가? 진지하게 생각해볼 시점이 되었다.

부모의 스펙트럼이 다양해졌다는 것은 어린이집에 거는 기대치도 다양해진다는 의미다. 서너 살 때 한글 떼기를 원하는 부모가 있는가 하면, 유기농 식단이 무엇보다 중요한 부모도 있다. 일하는 동안 아이가 안전하게 잘 지내기만 하면 그걸로 고마워하는 부모들도 있다. 무엇보다 가족의 기능을 대신할 수 있는 다양한 경험과 진정한 '돌봄'을 원하는 부모들이 늘고 있다. 최근 어린이집의 환경 문제, 보육 교사의 인성 및 자질 문제, 식단 문제 등이 심심치 않게 언론에 보도되고 있는 것은 어린이집이 어디에 더 초점을 두어야 하는지를 보여주는 반증이라 할 수 있다. 부모들의 성향이 다양해지고 어린이집에 거는 기대도 각양각색인데 무조건 교육 커리큘럼만 개발할 필요가 있는가 하는 것이다. 옆 동네 어린이집은 교육이 강점이라면 우리는 식단이 좋고 아이들이 많이 움직이도록 해 건강을 챙기겠다, 이런 식의 컨셉 다양화를 모색할 필요가 있다.

더욱이 현행 입시제도가 지금 자라나는 영유아의 미래와 얼마나 연관이 있을지도 생각해볼 일이다. 지금이야 영어가 중요하다고 하니 어린아이에게도 영어를 가르치는데, 이 아이들이 어른이 되었을 때에도 지금처럼 영어가 중요할까? 어떤 지식과 역량이 각광받을지 멀리 내다보지 않은 채 현행 입시제도가 지목하는 대로 어린아이들까지 똑같이 가르치는 것은 아닌지 진지하게 성찰해야 한다. 학습에 치중한 교육 기능을 다른 방향으로 다각화한다면 오히려 새로운 경쟁력이 될 수 있지 않을까?

지방의 경우 시장 자체가 줄어드니 다운사이징을 피하기는 어려울 것이다. 지금도 많은 지방 어린이집이 문을 닫거나 규모를 줄이고 있다. 서울이나 대도시는 아파트 한 동에 어린이집이 하나씩 들어와도 운영될 만큼 아이들이 많지만, 한 동네에 아이가 두세 명밖에 없는 지역에서는 어린이집 하나 지어놓고 이 동네 저 동네 아이들을 다 모이라고 할 수도 없는 노릇이다. 몇 명의 아이만으로 유지될 수 있도록 규모를 줄이고 운영을 현실화해야 한다.

사업적 측면으로 볼 때 이런 경우 프랜차이즈 식 운영이 대안이 될 수 있다. 중앙에 본부를 두고 수업 및 보육방식과 교재, 식단 등을 개발해 각 지역에 보급하는 것이다. 그러면 개별 어린이집은 운영에 드는 비용을 최소화하고 보육 자체에만 집중할 수 있지 않을까?

물론 아이가 한두 명밖에 없더라도 반드시 갖춰야 하는 시설은 있을 것이다. 보육에 집중한다는 취지라면 설령 교구가 없더라도 교사가 아이들을 돌볼 수 있지만, 그래도 아이들이 뛰어놀 놀이터는 있어야 한다. 놀이터를 비롯한 제반 시설을 갖추려면 지자체 또는 지역 공동체의 협력과 지원이 필요하다. 한 예로 아파트 단지 안에 소규모 어린이집이 들어설 경우, 단지 내 놀이터뿐 아니라 아파트 주민들을 위한 제반 여가시설을 아이들도 사용할 수 있도록 하는 정책적 배려가 필요하다.

이런 모색 없이 앉아서 정부 예산만 바라고 있어서는 안 된다. 어린이집이 먼저 나서서 적극적으로 기회를 찾아야 한다. 보육 산업에 영향을 미칠 인구변동을 세심하게 살펴야 한다. 무조건 규모를 줄이기에 앞서 변화에 따른 체질 개선과 콘텐츠의 다각화를 시도한다면 기존과 전혀 다른 새로운 사업 모델을 마련할 수도 있을 것이다.

인구학자가 제안하는 보육 산업의 미래시장·미래전략
Diverging & Paradigm Shift

▶ 아이가 줄어든다고 규모를 줄여야 할까?

▶ 천편일률적인 교육 대신 콘텐츠의 다각화를 모색하자.

▶ 교사부터 원장까지, 보육 인력의 수준을 높이자.

▶ 지방의 경우 프랜차이즈 식 운영이 대안이 될 수도 있다.

규모는
줄이고
시장은
넓혀라

우리나라의 아동인구는 2017년 약 300만 명,
2025년에는 211만 명이 될 것이다.
8년 만에 88만 명이 감소한다는 얘기다.
어쩌면 가까운 미래에 가장 큰 격랑에 휩쓸릴 부문이
바로 사교육 산업이 될지도 모른다.

[사교육]

▶▷▷ 잠재성장률은 지속적으로 떨어지고 수출은 둔화되고 내수 부진까지 계속되는 한국 경제의 총체적 난국에도 여전히 막강한 힘으로 성장세를 이어가는 시장이 있다. 바로 사교육 시장이다. 나도 두 아이를 키우는 아빠 입장에서 부모들의 마음을 이해 못하는 바는 아니지만, 없는 돈 털어서 아이 등 떠미는 부모나, 싫지만 뒤처질 수 없으니 억지로 따라가는 아이나 참 못할 짓이지 싶다.

한국의 인구변동을 들여다보고 아빠로서 내가 내린 결론은 '입시를 위한 사교육은 필요 없다'는 것이었다. (더 정확하게는 고등학교 졸업하고 곧장 대학에 갈 필요는 없다는 것이었다.) 그래서 가족이 논의해서 입시 사교육을 끊었는데, 이 사실을 많은 분들이 믿지 못하는 듯하다. 관련 기사가 나자 옆집으로 이사 와서 정말 학원에 안 보내는지 감시하겠다는 댓글까지 달렸을 정도다.

그만큼 한국사회에서 사교육은 끊기 힘든 존재다. 여전히 많은 부모들이 사교육비에 허리가 휘지만, 그래도 차마 끊을 마음은 먹지 못하고 있다. 통계청 조사(사교육비 실태조사)에 따르면 2017년 사교육비가 역대 최고 수준이었다고 한다. 학생 한 명에게 들이는 월평균 사교육비가 2010년 24만 원에서 2013년 23만 9000원,

2016년 25만 6000원을 거쳐 2017년 27만 1000원으로 정점을 찍었다. 아마 2018년 통계가 나오면 이 기록을 또 갈아치울 것이다. 그나마 이는 사교육비 총액을 전체 학생 수로 나눈 것이고, 실제로 사교육을 받고 있는 학생들만 놓고 따져보면 한 달에 사교육비로 나가는 비용이 38만 4000원이나 된다. 특히 50만 원 이상 지출한 비중이 18.4%로 가장 높았다. 시장규모는 축소하는데 시장은 성장하는 놀라운 현상이 벌어지고 있는 것이다.

어쩌면 적게 낳으니 한 아이에게 들이는 사교육비가 느는 게 당연할지 모른다. 그러나 이 같은 현상이 언제까지 지속될까? 어쩌면 가까운 미래에 가장 큰 격랑에 휩쓸릴 부문이 바로 사교육 산업이 될지도 모른다. 유아 및 학생들을 대상으로 한 사교육 산업이 언제까지 지금의 규모를 유지할 수 있을까? 우리나라 사교육 시장에서 가장 큰 비중을 차지하고 있는 영어교육 산업을 예로 들어 한번 생각해보자.

중년 인구의 '재수강'이 시작된다

사교육 산업의 미래와 직결되는 인구현상 가운데 가장 먼저 주목해야 할 것은 물론 아동인구의 감소다.

내가 볼 때 2015년에 313만 명이던 국내 거주 내국인 0~6세 인구는 2018년에 29만 명이 줄어 284만 명가량이 될 것으로 예상된

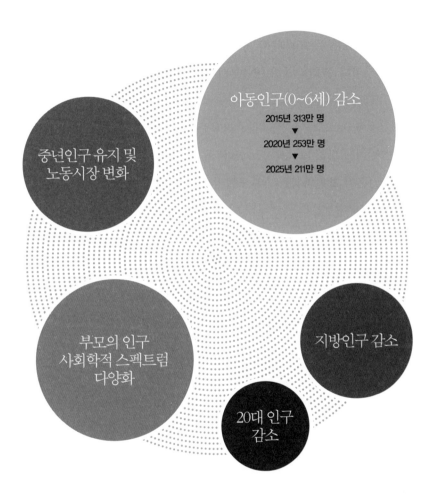

아동인구(0~6세) 감소

2015년 313만 명
▼
2020년 253만 명
▼
2025년 211만 명

중년인구 유지 및
노동시장 변화

부모의 인구
사회학적 스펙트럼
다양화

지방인구 감소

20대 인구
감소

[사교육 산업의 미래를 결정할 인구현상]

다. 통계청이 내놓은 인구추계는 이보다는 낙관적이지만 어찌됐든 감소세는 정해진 바다. 더 큰 문제는 그다음부터다. 우리나라의 아동인구는 2020년이 되면 253만 명, 2025년에는 211만 명이 될 것이다. 그러니까 2015년부터 2025년까지 10년 만에 100만 명이 감소한다는 얘기다.

둘째, 보육 산업 전망에서 지적한 대로 부모의 사회적 환경과 경험이 굉장히 다양해지고 있다.

만혼이 보편화되면서 부모들의 연령은 20대 중반에서 40대 중반까지 다양해졌다. 연령대만큼이나 가치관과 사회 경험도 각양각색이다. 이는 곧 부모들의 자녀교육관도 다양해졌다는 뜻이 된다. 옆집 아이가 영어를 배우니 내 아이도 배워야 한다며 경쟁하듯 학원에 보내던 시대는 지났다. 아동을 대상으로 한 사교육의 목표도 내용도 다양화될 수밖에 없는 중요한 이유다.

셋째, 20대 인구 감소다.

사교육 시장은 학령인구만을 대상으로 하는 게 아니다. 특히 최근에는 20대를 대상으로 한 영어강의 등 성인학습 시장이 커지고 있다. 아동인구가 줄어드는 반면 성인들의 자기계발 니즈는 높아지고, 청년취업은 날로 어려워지니 자연스러운 현상으로 보인다. 그렇다면 여기가 새로운 시장일까? 미안한 말이지만 이 시장의 미래 또한 밝지 않다. 지난 2015년의 국내 거주 내국인 기준 20대 인구는 약 641만 명이었다. 2020년까지 이 인구는 652만 명까지 증가할 것이다. 하지만 저출산 세대가 성인이 되면서 청년인구는 하향곡선을 그리게 된다. 2025년의 20대 추계인구는 549만 명으로 5년 만에 무려 100만 명이 줄어들 전망이다.

넷째, 반면 지금도 규모가 큰 중년 인구층은 현재의 규모를 당분간 유지할 것으로 전망된다.

1부에서 살펴본 대로 정부는 정년을 연장하는 방향으로 정책을 추진할 테고, 그에 따라 노동 시장은 점점 더 유연해질 것이다. 예순 넘어까지 현역으로 일하려면 달라진 지식과 기술을 그때그때 습득해야 한다. 나이 들어도 배워야 하므로 중년들의 학습욕구는 더 커질 것이다.

이를 반영하듯 최근 TV를 보면 유독 기성세대를 대상으로 한 강연 프로그램이 많다. 예전에 청소년을 대상으로 입시 강의를 하던 스타강사들이 청년세대를 대상으로 강의하더니, 이제는 중년을 대상으로 시장을 옮기고 있다. 최근 지하철 모든 노선에서 가장 많이 보이는 광고는 성인을 대상으로 한 온라인 영어학습 업체들이다. 이들의 타깃은 취업 준비생이 아니라 'Jane'이 '자네'로 읽히는 40대 이상 중년층이다.

마지막으로 생각해볼 인구현상은 지방인구의 감소다.

사교육 업체는 전국 곳곳에 포진해 있는데, 이 중 지방 중소도시에 있는 업체는 생존을 고민해야 할 지경이다. 특별한 변곡점이 없다면 지방 인구는 계속 줄어들 것이고, 특히 젊은 인구의 감소는 앞으로 더욱 가속화될 것이다.

규모 축소와 신시장 확장을 동시에

그렇다면 이런 상황에서 사교육 산업은 어떤 미래를 맞게 될까?

일단 기존의 시장 규모는 축소될 것이다. 아동인구는 이미 줄어들고 있고 앞으로 더 심해질 것이다. 여기에 부모의 스펙트럼 다양화, 지방인구 감소까지 더해지면 아동 및 초·중·고 학생을 대상으로 한 사교육 시장은 지금처럼 큰 규모로 유지하기 어려워진다. 특히 6세 이하를 대상으로 하는 시장은 다운사이징을 피할 수 없을 것으로 보인다.

그렇다면 객단가를 높이면 되지 않느냐 싶겠지만, 그건 이미 몇 년째 해오고 있지 않았는가. 사교육을 비롯해 장난감이나 유아복 등 어린이 시장은 사용자가 줄었는데도 매출은 유지하거나 오히려 증가했다. 고급화 전략으로 객단가를 높였기 때문에 가능했던 일이다. 하지만 부모들의 소득은 몇 년째 늘지 않고 있기 때문에 그들이 쓸 수 있는 돈은 이미 한계에 왔다고 봐야 한다. 그 상황에서 아이들이 계속 줄어들면 필연적으로 시장 사이즈가 작아질 수밖에 없다.

중·고등학생을 대상으로 하는 사교육 산업은 어떻게 될까? 우리나라에서 초저출산 현상이 시작된 것은 2002년이었고, 이때 약 48만 명이 태어났다. 1990년대까지 매년 70만 명이 태어났으니, 48만 명이 얼마나 적은 수인지 알 수 있을 것이다. 2002년부터 2016년까지 우리나라에서 태어난 아이들의 수는 매년 40만 명대에 머물렀다. 이 초저출산 세대가 2018년 현재 고등학교 1학년까지 채웠고, 2020년이 되면 이들로 고3까지 모두 채워지게 된다. 당연히 이 아이들을 대상으로 하는 가장 큰 산업인 사교육 시장이 타격을 입을 수밖에 없다. 물론 서울의 강남, 목동, 노원 같은 대규모 학원 밀집 지역은 여전히 아이들이 몰릴 것 같다. 하지만 당장 서울 외곽이나 경기도의 도시 지역만 가도 고등학교 학생 수가 크게 줄고 있다. 학원이 현재 수준으로 유지되기 위해서는 아이들의 수가 많거나 학원비가 비싸져야 하는데, 서울 주변부는 물론 전국 대부분의 지역에서 학원비를 올릴 만한 여지는 거의 없다. 결국 운영이 쉽지 않은 지역부터 중·고등학생을 대상으로 한 학원 상당수가 문을 닫게 될 전망이다. 얼마 전 한 유력 정치인이 본인이 대통령이 되면 사교육을 금지시키겠다고 말했는데, 그럴 필요가 없다. 어차피 얼마 안 가 지방의 수많은 학원들이 문을 닫게 될 테니까.

그러나 그것이 문제의 해결책이 될 수는 없다. 학원이 문을 닫으면 우리나라의 교육을 멍들게 한다는 오명을 쓰고 있는 사교육이 사라지게 될까? 아마도 그러리라 생각하는 분은 없을 것이다. 오히려 지역 학원가의 쇠퇴는 지역에서 아이 키우기를 더욱 어렵게 만들고, 여력이 되는 부모들은 자녀를 유명 학원에 보내기 위해 거주지를 옮기거나 주말마다 자녀들을 데리고 대치동, 목동,

노원 등 전통의 학원가로 원정을 떠나게 될 것이다.

　이번 장章은 사교육 산업의 미래와 대응책에 관한 것이지만, 개인적으로 워낙 사교육과 대학입시제도에 관심이 많은지라 약간의 사족을 더 달고자 한다. 말이 나온 김에 한번 생각해봤으면 좋겠다. 정말로 사교육은 나쁜 것인가? 결코 그렇지 않다. 교육도 결국 시장이다. 시장에 더 좋은 상품이 있으면 고객들은 기꺼이 비용을 지불하고 그 상품을 구매하려 한다. 교육도 마찬가지다. 역사 강사 설민석 선생이 연예인 못지않게 유명해진 이유는 그의 강의가 일선 학교 역사선생님들의 수업보다 더 흥미롭고 귀에 쏙쏙 들어오기 때문이다. 그래서 수험생은 물론 일반인들도 그의 강의를 좋아한다. 게다가 사교육의 궁극적 목표인 대학입시에 설민석 선생의 강의가 학교의 역사수업보다 더 효과적이라면? 당연히 그의 강의에 비용을 지불할 것이다. 이처럼 사교육은 양질의 교육을 제공하는 공급자인 동시에, 시장의 수요자인 학생들과 부모들이 원하는 재화다. 결코 필요악이 아니다. 그러니 서울 외곽과 지방 아이들이 줄어서 사교육 시장이 침체된다고 좋아할 일이 아니다. 우리 자녀가 받을 수 있는 양질의 교육기회가 없어지는 것이기 때문이다.

　그렇다면 문제의 본질은 무엇일까? 공교육의 질이 낮으니 그것이 문제일까? 현상만으로 보면 틀린 말이 아니다. 학원 강사들은 어떻게든 더 잘 가르치기 위해 밤낮으로 노력한다. 그렇지 않으면 학생이 오지 않기 때문에. 반면 학교 선생님들은 그렇게까지 노력

할 필요가 없다. 그러니 공교육의 질이 낮아진다. 실제로 이런 비판을 많이 한다. 그런데 정말로 이것이 문제의 근원적인 이유일까? 아니다.

학교와 학원은 근본적으로 존재이유가 다르다. 학교는 전인全人적인 교육이 목표인 반면 학원은 성적향상과 대입에서의 고득점이 목표다. 그런데 지금은 학생도 부모도 원하는 것이 전자가 아니라 후자가 되어버렸다. 만일 어느 역사선생님이 아이들의 역사관을 함양하기 위해 어떤 역사적 사건에 관한 다양한 시각들을 조사하고 그것을 수업에서 토론하게 했다고 해보자. 당연히 아이들이 스스로의 역사관을 형성하는 데에는 도움이 되었을 것이다. 하지만 대입을 위해서는 개개인의 역사관이 하나도 중요하지 않다. 1점이 아쉬운 학생과 학부모는 그런 수업이 달갑지 않다. 이것이 바로 문제의 본질이다.

학생도 학부모도 모두 중학교부터(최근에는 초등학교부터 시작되고 있다) 공부의 목적이 대학 입학이 되어버렸다. 당연히 대입시험에 도움 되는 사교육이 그렇지 못한 공교육에 비해 선호될 수밖에 없다. 모든 이들이 대학에 가야만 하고, 대학입시가 지금과 같이 소위 '학종(학생부 종합전형)'에 기반한 수시전형과 수능시험에 기반한 정시전형으로 지속되는 한 사교육의 강세는 지속될 것이다. 물론 지역의 학생 수가 급감하고 있어 학원이라는 물리적 공간은 위협받겠지만, 오프라인에서 온라인으로 옮겨가든지 주말반이 활성화되든지 하는 식으로 사교육에 대한 수요는 여전히 존재할 것이다.

만일 대학입학제도가 크게 바뀐다면 어찌될까? 특히 고등학교를 졸업하면서 반드시 대학에 갈 필요가 없어져 먼저 다양한 일을 시작해 적성을 기르다가 이후에 대학에 진학하는 제도가 생겨난다면? 물론 고3들을 위한 기존의 대입 방법도 유지하면서 말이다. 학생과 부모는 졸업 후 취업을 먼저 할지 아니면 바로 대학에 진학할지 고등학교 때 선택하게 된다. 그렇게 되면 고등학교의 현행 교육 목표도 바꿀 필요가 없다. 학교에서는 전인적인 인간을 키우기 위해 더욱 노력하면 된다. 사교육도 사라질 필요가 없다. 고등학교 졸업 후 바로 대학에 가려는 학생들은 대입시험을 준비해야 하기 때문이다. 이렇게 되면 학생과 학부모, 고등학교, 사교육 산업 모두 크게 변화되거나 축소될 필요가 없다(물론 사교육 산업은 필연적인 시장의 축소를 경험하겠지만).

하지만 여기에도 매우 중요한 전제조건 두 가지가 있다. 하나는 고등학교를 졸업한 후에 갈 수 있는 일자리가 있어야 한다는 것이고, 다른 하나는 소위 명문대학들이 취업 후 진학하려는 신입생들을 받아주어야 한다는 것이다.

첫 번째 조건이 충족되는 데에는 대통령과 정부의 역할이 매우 중요하다. 현재 청년 일자리 문제가 심각해지면서 대통령이 직접 나서서 청년 일자리 창출을 기업에 당부하는 것과 같이, 고졸 인재들을 기업이 채용하도록 정부 차원에서 힘을 실어주어야 한다. 사실 일자리 가운데에는 대졸 학력이 필요하지 않은 것들이 적지 않다. 현재는 대졸이 그 자리에 지원하고 있으니 대졸자를 뽑을 뿐이다. 그 자리를 대졸자가 아닌 고졸자로 채우면 그만큼 기업은 임금도 절약할 수 있지 않을까? 기업이 고졸 학력으로도 충분한 일자리를 고졸자에게 돌려줄 수 있도록 대통령과 정부가 반드시 지원해야 한다.

두 번째 조건이 충족되기 위해서는 명문대를 비롯한 전국의 주요 대학들이 직업 경력이 있는 사람들에게 신입생 정원 중 쿼터를 주는 제도가 마련되어야 한다. 지금까지는 불가능했지만 앞으로는 어렵지 않을 것이다. 2002년부터 지속되어온 저출산 현상 때문에 고등학교를 막 졸업한 19세만 받아서는 대학의 운영 자체가 불가능해지기 때문이다.

다시 사교육 시장의 미래로 돌아가자. 학령인구가 크게 줄고 있으므로 사교육 시장의 규모가 줄어드는 것은 피할 수 없다고 했다. 그러나 다운사이징만 있는 것은 아니다. 사교육 산업에는 시장 축소와 확장이 동시에 일어날 것이다.

시장 확대의 첫 번째 동력은 중년층 시장이다. 우리는 지금까지 사교육 시장이라 하면 어린이와 청소년들만의 시장으로 생각해왔다. 하지만 사교육 시장은 이미 매우 다양한 연령대를 대상으로 하고 있다. 예컨대 공무원시험 준비를 위해 존재하는 노량진의 수많은 학원들도 엄연히 사교육의 영역이다. 성인들의 영어능력 점수 향상을 위한 학원도 사교육이고, 하물며 대학원생들의 통계 강좌도 모두 사교육이다. 다만 지금까지는 청소년을 위한 사교육 시장이 워낙 컸기 때문에 성인의 사교육 시장이 상대적으로 간과되어 왔을 뿐이다.

그러나 이제 전세가 역전되고 있다. 청소년을 위한 사교육 시장은 줄어들고, 반대로 성인들의 사교육 시장이 최근 들어 크게 성장하고 있다. 토익이나 토플과 같은 영어시험 학원과 공무원시험 학원이 그들이다.

그런데 성인들의 사교육 시장도 두 가지 범주로 나눠서 살펴봐야 한다. 청년 구직자들의 사교육 시장은 2020~30년 사이에 3분의 2 수준으로 축소될 것이 분명하다. 앞에서도 말했지만 20대 인구는 2017년 651만 명인데 2020년 이후 매년 줄어들기 시작해 2030년이 되면 456만 명이 될 것이기 때문이다. 반면 중년 인구의 감소는 그다지 크지 않다. 젊은 연령은 줄어드는데 중년 인구는 당분간 유지될 터이니 이제는 사교육도 중년을 타깃으로 놓고 갈 수 있다.

더욱이 지금의 중년은 과거의 중년과 다르다. 상당수가 대학을 나온 이들로, 능력을 개발해야 한다는 필요성을 스스로 느끼고 있고 학습에도 비교적 능하다. 베이비부머 2세대인 만큼 규모도 크다. 앞으로 노동 시장이 유연해지면서 성과연봉제가 확산될 가능성이 매우 큰데, 그렇게 되면 나이와 경력이 아니라 개인의 역량이 가장 중요한 평가 잣대가 된다. 그에 따라 어쩔 수 없이 나이 들어도 자기계발을 해야 하는데, 여기가 바로 사교육이 들어갈 수 있는 지점이다.

　그뿐 아니라 정년 이후에도 계속 경제활동을 해야 할 텐데, 내가 인적자원으로서 어떤 가치가 있는지에 따라 임금근로자로 노동 시장에 재진입할지 혹은 창업할지가 결정된다. 그 가치는 은퇴 이전에 재교육을 통해 스스로 만들어놓아야 하는데, 이 재교육이 또 다른 사교육 시장이 된다. 성인들을 대상으로 한 온라인 영어 강좌가 벌써부터 성업 중인데, 앞으로 스스로의 인적자원 개발이라는 목표가 뚜렷해지면 규모의 경제가 가능한 이 시장의 가치는 상상을 초월할 정도로 커질 것이다.

　두 번째 동력은 해외시장이다. 우리나라에서 영어를 비롯한 사교육 시장이 단숨에 성장한 시기는 1980년대다. 인구학적 측면에서 그 시기는 영어를 배워야 할 학생의 숫자는 많은데 가르칠 사람은 적었던 때다. 수요에 비해 공급이 부족한 만큼 영어실력은 그 자체로 확실한 사회적 경쟁력이었다. 이때 등장한 것이 선생님이 집으로 방문하는 학습지와, 길고 좁은 의자와 책상에 다닥다닥 붙어앉아 수업을 듣던 단과학원들이다. 그렇게 공부해서 대학을 다닌 이들이 결혼하고 아이를 출산했다. 사회생활에서 영어실력, 특히 영어 말하기 실력이 대단한 경쟁력으로 인정받는다는 것을 경험으로 알게 되었고, 자녀들에게 어려서부터 영어 사용하는 환경을 마련해주고자 하는 열망이 커졌다. 그래서 생겨난 것이 영어 유치원 같은 시설이다.

그렇다면 과거의 한국처럼, 영어와 수학을 배우고 싶어 하는 사람은 많은데 가르칠 사람은 적은 곳에 가서 학원을 내는 것은 어떨까. 한 예로 베트남의 경우 한 해에 150만 명이 태어나고 있으며, 매년 130만 명씩 초등학교에 입학한다. 우리나라 역사상 가장 많이 태어났을 때가 100만 명이었다는 것을 떠올리면 얼마나 엄청난 규모인지 감이 올 것이다. 더욱이 1억 명에 가까운 베트남 인구의 중심은 1980년대 생으로, 이들이 이제 초등학생 학부모가 됐다. 자녀교육을 위해서라면 아낌없이 지갑을 여는 열혈 부모들이다.

사회적 환경 변화도 과거 우리나라와 비슷하다. 경제가 개방돼 외국 자본이 들어오면서 베트남 사람들이 영어에 눈을 뜨기 시작했다. 과거 공산국가였을 때 대부분의 인텔리 계층은 러시아, 독일, 헝가리, 폴란드 등으로 유학을 갔다. 지금 젊은 인구에게 이런 언어들은 전혀 매력이 없다. 모두들 영어를 원한다. 기억하시는가? 10~15년 전에 우리나라 어린이집과 유치원은 물론 일반 가정에서도 아이들에게 〈새서미 스트리트〉 같은 영어 비디오를 틀어주었던 것을. 지금 그 모습을 베트남에서 어렵지 않게 볼 수 있다. 그런데 베트남의 영어 사교육 시장은 이제 시작 단계여서 현재 우리나라의 영어교육 시장에 비해 매우 열악하다. 우리나라의 사교육 콘텐츠가 베트남에 진출할 수 있는 이유다.

이처럼 해외로 눈을 돌리면 한국에 사교육 시장이 팽창했던 시기처럼 매력적인 사교육 시장을 찾을 수 있다. 국내 사교육 산업이 새로운 도약을 하기 위해서는 이들을 적극 공략해야 한다.

아직까지 국내 사교육 업체가 해외시장에서 괄목할 성공을 거둔 사례는 없다고 알려져 있다. 하지만 한국 인구변동의 추이를 장기적인 측면에서 살펴봤을 때, 해외시장 진출의 성공 여부가 사교육 시장의 미래에 매우 중요한 변수로 작용할 것임은 분명하다. 과감히 도전할 때가 된 것이다.

인구학자가 제안하는 사교육 산업의 미래시장·미래전략
Downsizing but Size-up

▶학령인구를 대상으로 한 사교육 시장은 다운사이징을 피할 수 없다.

▶반면 중년교육 시장은 점점 커질 것이다.

▶한국의 1980년대 인구구조에 해당하는 해외시장에 진출하자.

19세부터
중년층까지
학생이
된다

지금 대학들은 매년 50만 명의 신입생을 선발하고 있다.
이 자리를 놓고 5년 전에는 70만 명, 2017년에는 60만 명이 경쟁했다.
그로부터 4년 뒤, 2021년부터
대입 수험생 인구는 47만 명대로 급감한다.
그중 실제로 대학에 진학할 사람은 33만 명에 불과하다.

[대학]

▶▷▷ 어떤 시장이 있다. 이 시장은 상품의 공급자가 50만 명, 수요자는 60만 명이다. 공급보다 수요가 많으니 당연히 공급자 중심으로 돌아가고, 수요자들은 해당 상품을 얻기 위해 치열한 경쟁을 벌인다. 하지만 만일 공급자는 50만 명 그대로인데, 수요자가 갑자기 30만 명대로 줄어든다면? 이 시장은 더 이상 공급자 중심이 아니다. 상품가가 조정되는 것은 물론 수요자들끼리 경쟁할 필요도 없다. 물건을 사고파는 시스템, 즉 시장의 패러다임이 완전히 바뀌게 된다. 이런 시장이 정말 존재할까?

놀랍게도 실제로 존재한다. 그것도 2021년에 우리나라에서 발견될 것이다. 어떤 시장인지 짐작이 가는가? 바로 대학입학 시장이다. 대입 제도가 생겨난 이래 입학 정원보다 진학 희망자 수가 적은 유례없는 사태가 아주 가까운 미래에 발생한다는 얘기다.

현재 교육부와 대학들은 이런 상황에 대한 대비책을 마련했다. 교육부는 대학 구조개혁을 통해 부실대학 정리를, 대학들은 학과 통폐합 등의 구조조정을 하고 있다. 구경만 하지 않고 대응책을 마련하고 있으니 다행이긴 하다. 하지만 몇 가지 심각하게 우려되는 점이 있다. 규모 자체가 축소되었을 때 대학에 종사하는 수많은 사람들은 어떻게 될까? 시간강사 자리라도 잡기 위해 대기 중

초저출산

교수 및 교직원
고령화
45~60세 비중 높아짐

젊은 인구의 서울 집중
20~24세의 20%
25~29세의 24%

19세 인구 감소
2018년 60만 명
▼
2024년 42만 명

베이비부머
고령화

[대학의 미래를 결정할 인구현상]

인 박사급 인재들은? 안 그래도 경쟁력이 떨어지는 지방대학의 운명은? 그와 생존을 함께할 지방 중소도시들의 미래는? 대학의 혁신이 대학 정원의 기계적인 축소에 그친다면, 그에 따른 부정적 파장이 엄청난 사회적 혼란으로 이어질지 모른다.

무작정 몸집만 줄인다고 능사가 아니다. 대학 역시 우리나라의 경제를 이루는 산업군의 하나라고 볼 때, 인구학적 관점에서의 분석과 그에 따른 대응책이 마련돼야 한다.

수험생 30만 명 시대가 온다

대학과 관련한 인구현상의 핵심은 두말할 것 없이 초저출산이다. 사실 출생아 수가 이렇게까지 줄어들지 않았다면 대학이 지금처럼 골머리를 앓을 이유가 없다. 15년 이상 지속된 초저출산 현상은 수험생 감소를 초래했고, 이는 앞으로 더욱 심화될 것이다.

숫자로 확인해보자. 지금 대학들은 매년 약 50만 명의 신입생을 선발하고 있다. 이 자리를 놓고 2013년에는 약 70만 명, 2017년에는 약 62만 명이 경쟁했다. 그로부터 4년 뒤 2021년의 19세 전체 인구는 약 48만 명으로 추계된다. 대학진학률을 70%로 가정한다면 이때부터 대입 인구가 30만 명대로 급감한다. 물론 그중에는 일찌감치 유학으로 뜻을 굳히고 한국의 입시대열에서 이탈한 이들도 있을 것이다.

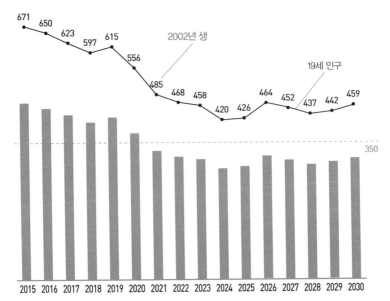

(천 명)

대학진학자 수

671 650 623 597 615 556 485 468 458 420 426 464 452 437 442 459

2002년 생

19세 인구

350

2015 2016 2017 2018 2019 2020 2021 2022 2023 2024 2025 2026 2027 2028 2029 2030

〈도표 26〉 19세 인구 및 예상 대학진학자 추이 (대학진학률 70% 가정)

이와 동시에 젊은 인구는 너나 할 것 없이 도시로 모여들고 있고, 덩치 큰 베이비부머 세대가 고령층 진입을 눈앞에 두고 있다. 베이비부머 세대의 고령화가 대학의 미래와 관련이 큰 이유는, 거듭 강조했듯이 그들이 우리나라의 정년제도를 바꿔놓을 가능성이 크기 때문이다. 은퇴한 베이비부머들이 노동 시장에 재진입하면 일자리를 둘러싼 세대 간 경쟁이 더욱 치열해질 것이다. 대학이라고 예외일 수 없다. 교수와 교직원도 고령화의 물결을 타고 있다. 이미 45~60세가 절대다수를 차지하고 있는데, 정년제도 변화로 노동 시장이 유연해지면 젊은 교수와 교직원이 자리 잡을 기회는 더 줄어들 것이다.

대상과 커리큘럼을 확장하라

인구변동이 대학에 불러올 여파는 무엇보다도 모든 대학이 학생 모집에 어려움을 겪게 된다는 것이다. 과거 70만 명 중에서 학생을 뽑았다면 이제는 40만 명 중에서 뽑아야 한다. 이는 공급자 중심의 대학을 수요자 중심으로 변화시키고, 이에 따라 비인기학과의 어려움은 더욱 커질 것이다.

이에 대응하려면 발상의 전환이 필요하다. 19세 인구가 줄어들어 문제라면 다른 연령대라도 받아들여야 하지 않을까? 물론 말처럼 간단한 문제는 아니다. 원하면 지금도 늦깎이로 대학에 진학할 수 있지만 그런 경우가 많지 않은 이유가 있다. 현행 대학 전형 방식이 너무 복잡한 데다 고3 및 재수생에 맞춰져 있어서 웬만한 일반인들은 엄두를 내기 어려워서다. 그러므로 진학 연령층을 확대하려면 입시제도 자체를 손봐야 한다.

고교 졸업 후 먼저 취업하고 나중에 필요에 따라 대학에 진학하는 방식의 필요성은 이미 10여 년 전부터 제기돼왔다. 하지만 대학의 반응은 미온적이었다. 학생을 모집하는 데 직접적으로 어려움을 겪지 않았기 때문이다. 이제는 상황이 달려졌다. 더 늦기 전에 입시제도 개혁의 첫걸음을 떼야 한다.

둘째, 현행 입시제도가 계속되고 대학 규모가 축소될 경우 대학과 교직원, 교수 역시 줄어들 수밖에 없다. 대학들이 교수와 교직원을 뽑지 않은 지는 이미 오래됐다. 내가 재직 중인 서울대학교도 예외는 아니어서, 앞으로 박사 졸업자들의 진로가 훨씬 좁아지지 않을까 싶다.

문제는 일자리 축소로 끝나지 않는다. 현재 사립대에 종사하고 있는 사람들은 대부분 사학연금에 가입해 있다. 대학 종사자의 수가 급감하면 당연히 사학연금의 가입자 수도 줄어들고, 이는 교육부가 생각지도 않았던 결과인 사학연금의 붕괴로까지 이어질 수 있다. 이렇게 되면 사학연금은 국민연금으로 통합될 가능성이 큰데, 그 여파가 사회에 얼마나 큰 혼란을 불러올지 심히 우려된다.

셋째, 교수의 임금 지불 방식이 크게 변화될 것이다. 지금까지 우리나라 대학들은 전임교수를 채용해왔다. 그러나 박사는 많아지는데 전임 자리는 제한적이어서 최근 대학은 연구교수, 강의전담교수, 특임교수 등 다양한 형태의 교수 자리를 만들었다. 이 자리들은 모두 비전임이기 때문에 학교로부터 전임교수가 받는 다양한 연구지원 및 생활지원 혜택을 받지 못한다. 임금도 학교가 안정적으로 주기보다는 연구비나 강사료 등으로 보전하는 실정이다. 학생 수가 줄어들고 대학의 운용 예산으로 전임교수와 교직원 월급도 감당하기 벅찰 때가 도래하면 대학들은 교수 월급을 어떻게든 줄이려 할 것이다. 하지만 일은 똑같은데 월급만 줄이기는 현실적으로 불가능하다. 그렇다면 차선책으로 전임교수는 줄이고 비전임교수를 늘리려 할 것이다. 그런데 비전임교수의 비중이 높아지면 교육부로부터 받는 대학 평가에 불리하다. 그 경우 대학이 선택할 수 있는 해결책은 뭘까?

전임교수를 채용하되 월급은 많이 주지 않는 것이다. 대신 강의와 행정 등 학교에서 일하는 시간 이외에는 외부활동을 허용한다. 한마디로 '투잡'을 뛸 수 있도록 자율성을 주는 것이다. 반드시 연구나 교육직일 필요도 없다. 교수로서 소속 학교의 품위를 손상시키지 않는다면 뭘 해도 상관없다. 이렇게 되면 당연히 교수라는 직업의 사회적 지위는 크게 떨어질 수밖에 없다. 하지만 어쩌겠는가. 이렇게라도 하지 않으면 당장 교수직 자체가 사라질 판인데.

넷째, 사회 전체적으로 정년이 연장됨에 따라 중년층을 중심으로 재교육 니즈가 커질 것이다. 은퇴한 베이비부머 세대들이 재진입하면서 노동 시장의 유연화는 가속화될 것이며, 스스로 생산성을 높이려는 개인의 욕구 역시 더욱 커질 것이다. 대학은 이런 니즈를 받아줄 준비가 되어 있어야 한다. 당장 눈에 띄는 것은 '평생교육'이라는 형태의 교육 프로그램인데, 이 제도는 일반적으로 대학 교육과정과는 다른 트랙으로 인식된다. 가장 큰 이유는 아무래도 '시험'을 안 봐서인 듯하다. 대입이나 편입은 시험을 치르는데 여타 재교육 프로그램은 설령 선발과정이 별도로 있더라도 대입처럼 공신력을 인정받지 못하는 실정이다. 그렇게 하지 말고, 재교육을 통해 업무 생산성을 키우려는 사람들을 대학 정규과정

안에 융화시킬 필요가 있다. 다른 대학을 나오고 취업했다가 40대에 서울대학교에 입학해도 정식 졸업장을 받을 수 있도록 만들어야 한다는 것이다.

이는 결국 입시제도의 변화를 요구한다. 보다 다양한 방법으로 다양한 경험을 가진 지원자를 평가할 수 있도록 대학 입학시험을 다원화하는 것이다. 현재는 이 문이 닫혀 있지만 열어주어야 하며, 필연적으로 열릴 수밖에 없다. 이것이 대학에 일어날 패러다임의 전환이다.

다섯째, 지역 간, 대학 간 격차는 더욱 심해질 것으로 예상된다. 이미 편입생은 세칭 명문대로 몰리고 있다. 이런 흐름이 심화돼 비인기학과를 시작으로 신입생 및 편입생 유치가 점점 어려워지고, 대학의 도산 위기는 고조될 것이다. 이런 모든 현상들은 결국 대학의 현 체제에 대한 근본적인 변화를 요구하게 되리라 본다.

인재의 다양화는 대학에 매우 중요한 화두가 될 것이다. 국제화도 필요하다. 여기서 말하는 국제화란 그저 외국인 교수와 학생들을 유치하는 것이 아니라, 우리 대학이 성장 잠재력을 지닌 나라로 직접 진출하는 것을 말한다.

경직되고 서열화돼 있는 현재 대학에서 이 모든 대응책이 빠른 시일 안에 실현되기란 쉽지 않다. 하지만 그럴수록 변화를 위한 노력에 박차를 가해야 한다. '어떻게든 되겠지' 하는 바람은 결코 실현되지 않는다. 이미 2017년 임용대란을 겪지 않았는가. 저출

산 세대가 태어나는데도 대학과 정부 누구도 교사선발 계획을 조
정하지 않은 바람에 예비교사들의 앞길이 막막해졌다. 4차 산업
혁명 시대를 맞아 세상이 뒤바뀔 거라고 하지만, 내가 보기에 대
학은 4차 산업혁명에 따른 변화보다 인구변동이 정해놓은 미래를
훨씬 빨리 맞이할 것이다. 학생을 비롯한 모든 대학 구성원의 미
래를 위해서라도 적극적인 준비가 반드시 필요하다.

인구학자가 제안하는 대학의 미래시장·미래전략
Become the Pioneer for Change

▶ 대학교육 수요자를 19세에서 다양한 연령대로 넓히자.

▶ 생산성 향상을 위한 중년층 재교육을 강화하자.

▶ 대학입시제도의 개혁은 반드시 필요하다.

▶ 외국 학생 유치를 넘어 외국으로 직접 진출하는 방안을 모색하자.

▶ 교수 및 교직원 개개인의 노후 대비가 필요하다.

새로운
규모의
경제를
활용하라

불황을 타개하기 위해 많은 출판사와 서점들이 주요 구매층인
20~30대에 집중하는 추세로 바뀌고 있다고 한다.
여러 가지 요소를 고려한 판단이겠지만,
인구학자로서 나는 50대 독자들을 주목해야 한다고 생각한다.

[도서 시장]

▶▷▷ 많은 이들이 '단군 이래 최대 불황'이라고 말한다. 누구는 엄살로 하는 말이고 누군가는 겸손하게 하는 말일 것이다. 출판계에서도 해마다 이런 말이 나온다. 그런데 적어도 통계로 보면 출판계의 푸념이 엄살만은 아닌 것 같다. 2017년 한국 성인의 독서율은 59.5%다. 독서율이란 1년에 책을 한 권 이상 읽은 사람의 비율을 가리킨다. 그러니까 성인 10명 중 4명은 1년에 책을 한 권도 읽지 않는다는 뜻이다. 새해가 되면 책 많이 읽겠다고 다짐하는 사람이 적지 않은데, 언제나 그렇듯이 결심을 지키기란 쉽지 않은 듯하다.

여기에 인구변동까지 겹쳤다. 독서인구는 인구구조 변화에 직접적인 영향을 받는다. 이 두 가지가 어떻게 연결된다는 걸까? 우리가 언제 어떤 이유로 책을 읽는지 생각해보면 알 수 있다. 어릴 때 부모 손에 이끌려 책을 접한 후 학교 다니는 동안에는 자의로든 타의로든 책을 가까이 하다가, 학창시절을 지나면 독서량이 줄어든다. 그러다 한 번씩 책을 다시 들추어보지만 그때뿐이다. 독서는 일종의 습관이어서, 젊어서 책을 안 읽던 사람이 나이 들어 은퇴한 후에 갑자기 책을 잡기는 아무래도 쉽지 않다.

이렇게 보건대 책을 주로 읽는 연령대는 분명히 존재하는 듯하다. 그런데 지금처럼 독서율이 떨어지는 와중에 인구구조까지 급변하면 기존의 독서인구 또한 변동이 있을 수밖에 없다. 당장 저출산으로 10~20대 인구가 급감하면 10대가 구매하는 참고서뿐 아니라 20대를 위한 교재나 수험서도 영향을 받을 것이다. 앞으로 30대 인구도 줄어들 것이므로 30대가 많이 읽는 분야의 도서 매출도 줄어들 것이다.

아울러 책은 지식과 정보를 전달하는 수단이므로, 사회변화에도 큰 영향을 받는다. 인구변동으로 사회제도에 변화가 생길 경우, 이는 또다시 도서 시장의 변화를 불러올 것이다. 앞서 설명한 대로 대학이 입학연령과 제도를 다양화한다면 당장 10대 청소년의 독서 패턴에 변화가 생길 것이다. 학습서 대신 문학이나 교양서를 읽을 수도 있지 않겠는가. 반대로 40대 직장인이 재교육을 위해 교재를 구매하는 경우는 늘어날 것이다.

이처럼 도서 시장은 인구변화와 사회제도 변화의 영향을 동시에, 직접적으로 받는다. 도서 시장의 미래전략을 수립할 때 인구변동을 반드시 살펴봐야 하는 이유다.

50~60대 독자가 온다

우선 도서 시장의 미래와 직결된 주요 인구현상부터 하나씩 살펴보자.

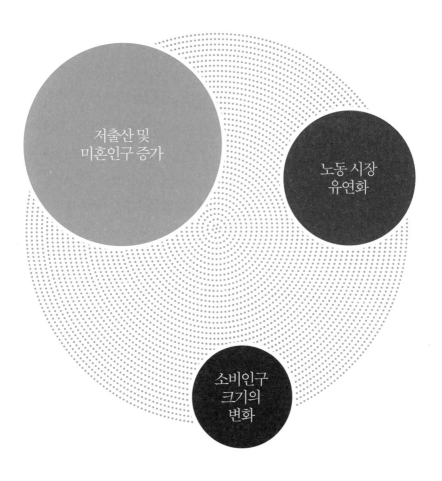

[도서 시장의 미래를 결정할 인구현상]

첫 번째는 저출산 및 미혼 인구 증가다.

저출산의 영향을 가장 많이 받는 도서 분야는 물론 유/아동서와 초중고 학습서 시장이다. 10세 미만 인구는 2002년부터 계속 줄어들다가 2010년 이후 일정 수준으로 유지되어 왔다. 하지만 2017년 출산아 수가 35만 명 수준으로 갑자기 떨어졌는데, 이 추세가 반등할 가능성보다는 그렇지 않을 가능성이 높으므로 앞으로 10세 미만 인구는 계속 줄어들 것으로 예상된다. 2018년 현재 우리나라에 실제로 거주하고 있는 10세 미만 인구는 약 420만 명인데, 2020년에는 400만 명 선이 무너지고 2025년에는 약 318만 명이 될 예정이다. 고작 7년 만에 10세 미만 아동도서의 독자가 100만 명이나 줄어든다는 것이다. 책의 가격을 올리는 데에는 한계가 있으므로 이러한 인구규모의 변화는 유/아동서 시장의 위기가 이미 눈앞에 와 있음을 의미한다.

초·중·고등학생용 학습서 매출은 그동안 꾸준히 증가해서 2010년에 정점을 찍은 후 하향세로 돌아섰다. 그 전의 증가 또한 학생 수가 많아서 많이 샀던 것은 아니다. 사교육 열기가 과열되면서 2010년에 이르러 학생 한 명당 최고로 많이 샀던 것이다. 이제는 아이들 숫자도 줄어든 데다 사교육 경쟁이 약간 주춤하면서 학습서 매출도 조금씩 떨어지고 있다. 2018년부터 저출산 세대가 고등학생이 되기 시작했으니 앞으로 이 분야 매출이 반등할 가능성은 크지 않아 보인다.

두 번째로 주목할 인구현상은 소비인구 크기의 변화다.

50대 이상 인구가 늘어나면서 다양한 도서분야에서 변화가 나타나고 있다. 예전에는 서점에서 50대 이상은 주요 고객으로 대접받지 못했던 것이 사실이다. 그런데 이제 50대들이 바뀌고 있다. 고등교육을 받은 세대가 50대로 들어서면서 나타나는 변화다. 더욱이 이들은 규모도 크다. 이제는 중장년층이 다양한 분야에서 핵심독자로 부상할 가능성이 있다. 수험서나 교재 외 일반 단행본에서 가장 매출비중이 큰 분야는 소설, 시, 에세이를 포괄하는 '문학'인데, 아직은 이 분야에 20~40대 독자가 많지만 50대 독자도 꾸준히 증가하고 있다.

역사, 철학, 종교 등 인문서 시장을 보면 이러한 경향은 더욱 뚜렷하다. 출판계의 불황 속에 10년 넘게 이례적으로(?) 증가세를 보이는 분야가 바로 인문이다. 매출 증가를 견인한 연령층은 40~50대로, 최근 2~3년 동안에는 20대보다 40대가 인문서를 더 많이 읽는 것으로 나타났다. 현재 40대 인구집단이 워낙 크므로 이들이 인문서를 계속 읽는 한 10년 후에도 인문서 시장은 어느 정도 유지될 것으로 보인다.

나아가 60대 이상 고령자 집단에서는 규모의 경제가 나타날 수도 있다. 아무리 고령자들이 책을 많이 안 산다지만, 10명 중 한 명만 책을 구매한다 해도 이들의 규모가 커지면 총량에서 무시할 수 없는 매출이 발생하지 않겠는가. 더욱이 고령층이 될 현재의 50대 인구는 은퇴를 늦출 수밖에 없기 때문에 자기계발과 재교육을 게을리할 수 없다. 이래저래 60대도 독자가 되는 시대가 곧 온다는 뜻이다.

세 번째, 노동 시장 유연화다. 그에 따라 중장년층의 자기계발 니즈가 커질 것이다.

영어교재를 비롯해 취업 및 자격증 취득용 수험서는 꾸준한 판매를 유지하는 스테디셀러다. 그동안 이 분야의 일등공신은 20대였다. 그 어느 때보다 치열한 취업경쟁 때문이다. 책은 사회적 이슈나 붐을 많이 타는 재화이지만, 예외적으로 수험서는 20대가 든든히 받쳐준 덕분에 일정한 매출을 유지해왔다.

이 시장에서 놓치지 말아야 할 인구집단이 바로 50대다. 전체 매출은 크지 않지만 최근 들어 50대의 수험서 구매가 꾸준히 늘고 있다. 50대가 수험서를 왜? 얼핏 생각하기에는 연관성이 없어 보이지만, 앞에서 살펴봤던 사교육 시장과 마찬가지 이유다. 재취업을 하든 창업을 하든 일을 계속 하려면 50대도 준비를 해야 하고 필요하면 자격증도 따야 한다. 직장에서 자신의 생산성을 높여야 하는 40대도 사정은 마찬가지다. 앞으로 20대 인구가 급감할 것이므로 20대 독자만 본다면 수험서 매출은 뚝 떨어질 게 분명하다. 그것을 40~50대 인구가 얼마나 메꿔줄 것인지가 이 분야의 관건이 될 것이다.

인구변화가 불러올 사회변화를 반영하라

도서 시장의 정해진 미래가 이러하다면, 어떻게 대응해 새로운 미래를 만들어가야 할까?

첫째, 중장년층의 규모의 경제를 적극 활용해야 한다.

불황을 타개하기 위해 많은 출판사와 서점들이 주요 구매층인 20~30대에 집중하고 있다고 한다. 젊은 감성에 맞는 책을 내고, 20대가 좋아하는 분위기의 서점이 늘고 있다. 여러 가지 요소를 고려한 판단이겠지만, 인구학자로서 나는 50대 독자들을 주목해야 한다고 생각한다. 20대는 앞으로 점점 줄어드는 데다, 많은 책이 20대를 타깃으로 하느라 경쟁도 심하다. 그보다는 차라리 경쟁이 덜한 50대 독자들을 대상으로 하는 것은 어떨까? 모든 연령대를 포괄해야 운영이 가능한 중대형 서점이라면 문구류 등 굿즈를 젊은 층에게 판매하고, 책은 40~50대까지 염두에 두고 선별하는 것도 방법이 될 수 있다.

둘째, 인구구조의 변동 때문에 앞으로 사회제도에도 많은 변화가 생길 텐데, 이 점을 감안해 미래전략을 짜는 데 선제적으로 반영해야 한다.

인구구조의 변화에 따라 10년 안에 변화될 가능성이 높은 사회제도를 꼽아보면, 우선 대입제도의 변화가 있을 것이다. 19세에 바로 대학에 진학하는 대신 사회생활을 경험하고 나중에 진학하는 '선취업-후학습'이 자리 잡게 된다면 학습서를 비롯한 도서 시장에 엄청난 파장이 일어날 것이다. 이렇게 변화되었을 경우에 초·중·고등학교 학습서는 어떻게 대응할지 미리 방안을 마련해두어야 한다.

노동 시장의 유연화도 이미 시작되고 있다. 이에 따라 중장년층의 자기계발 의지는 점점 커질 것이다. 대학은 20대 초중반만이 아니라 그 이후까지 포괄하는 평생교육으로 나아갈 것이고, 중장년층의 자기계발서 구매도 증가할 것이다.

20대의 경우 수험서는 이미 포화 상태이므로 판매가 줄어들 것이고, 현 추세대로라면 오히려 교양서 구매가 확대될 수 있다. 문학 및 인문서에 대한 니즈는 점점 커질 것이다.

셋째, 전반적으로 내수시장이 커질 가능성은 낮다. 이 위기를 해외시장 발굴로 극복할 수는 없을까?

특히 10대 및 20대를 대상으로 하는 학습서나 수험서 분야의 노하우를 활용할 수 있는 국가에 진출하면 어떨까. 많은 아시아 국가들이 경제발전 단계에 비해 도서 시장이 탄탄하지 않은 편이다. 그동안 책을 많이 안 읽었으니 출판된 책도 적고 콘텐츠 개발 역량도 부족하다. 과거 우리나라도 그렇지 않았나. 지금이야 서점이 대형화되었고 온라인 서점도 많지만, 예전에는 몇몇 시내 대형서점 말고는 동네서점밖에 없었다. 앞으로 아시아 국가의 도서 시장도 우리나라처럼 변화를 겪을 텐데, 지금 미리 진출해 입지를 닦아두는 것은 어떻겠는가. 과거 우리나라에서 다져온 노하우로 승부한다면 의외의 성과를 거둘 수도 있지 않을까.

인구학자가 제안하는 도서 시장의 미래시장·미래전략
Take Advantage of Economies of Scale

▶ 중장년층의 규모의 경제를 적극 활용하자.

▶ 중장년층의 자기계발을 위한 콘텐츠 및 매체를 발굴하자.

▶ 인구변동에 따른 사회제도 변화를 감지해 미리 반영하자.

▶ 전반적인 내수시장 축소의 위기를 해외시장 발굴로 극복할 수는 없을까?

연공서열을
뒤엎는
지각변동이
일어난다

HR 시장에서 청년층─중년층─은퇴자의 3자 갈등구도는
더욱 첨예해질 수밖에 없다.
고래 싸움에 새우등 터지듯, 58년 개띠와 70년 개띠 싸움에서
82년 개띠가 죽어나고, 그 여파를 맞은 94년 개띠는
오도 가도 못하는 형국이 초래된다는 것이다.

[HR]

▶▷▷ 직장에서 퇴임한 뒤 무료한 일상을 보내는 노년의 남성이 있다. 어느 날 그는 한 쇼핑몰 회사의 시니어 인턴 채용 공고를 보고 지원해 입사하게 된다. 맡은 일은 CEO 비서직. 그가 상사로 모실 CEO는 창업 1년 반 만에 직원 220명 규모로 키운 젊은 여성이다. 연륜과 포용력을 갖춘 70세 인턴과 열정과 재능이 넘치는 30세 여성 CEO의 만남. 상식적으로 자연스러운 관계는 아니지만, 두 사람은 좌충우돌 끝에 (인턴사원의 일방적인 노력 덕분에) 서로를 이해하게 되고 마침내 회사의 위기를 극복해낸다.

2015년 개봉한 영화 〈인턴〉의 줄거리다. '70세 인턴과 30세 CEO'라는 흥미로운 설정 덕에 개봉 당시 화제가 되었다. 그런데 인구학자인 내 입장에서는 영화적 재미 이상의 의미가 있었다. '30세 상사와 70세 직원'까진 아니어도, 현재 벌어지고 있는 인구변동의 흐름상 가까운 미래에 얼마든지 실현될 수 있는 이야기이기 때문이다. 그런 점에서 이 영화는 미래 HR의 한 단면을 보여준다. 영화 속에 등장하는 연공서열 파괴를 필두로 다양한 변화가 HR 분야에 일어날 것이다.

사람이 직접적 자원인 HR이야말로 인구변동에 따라 가장 큰 변화를 겪게 되는 부문이다. 일정 교육을 받고 학교를 졸업한 뒤 취업을 해 때가 되면 승진하고 적당한 시기에 은퇴하는 전형적인 패러다임은 구시대 유물이 될 날이 멀지 않았다. 채용을 전문으로 하는 HR기업은 물론 개별 기업 경영자와 인사담당자들도 반드시 고민해야 할 주제다.

'대졸 신입사원'을 보기 힘들어진다

미래의 HR에 영향을 미칠 주요 인구현상은 크게 4가지로 정리할 수 있다.

첫 번째는 인구의 도시 집중이다. 특히 20대 젊은 인구 및 은퇴 인구가 대도시에 집중하는 현상을 주목해야 한다. 두 번째는 신입사원 대상자의 규모와 특성이 달라진다는 점이다. 젊은 인구가 급감함에 따라 지금처럼 갓 대학을 졸업한 20대 젊은이만을 신규채용 대상자로 삼기 어려워질 것이다. 세 번째로 베이비부머 세대가 은퇴연령에 진입하는 것도 중요한 현상이다. 은퇴 이후에도 경제활동을 하고자 하는 베이비부머 세대의 영향으로 노동 시장은 유연해질 수밖에 없다. 마지막으로 비혼 인구 증가 역시 HR의 미래에 영향을 주게 된다. 가정을 이루지 않은 비혼 인구는 결혼한 사람들에 비해 이직이 용이하기 때문이다.

인재영입은 모든 기업에 매우 중요한 사안이므로, 각각의 인구현상에 대해 좀 더 자세히 살펴보자.

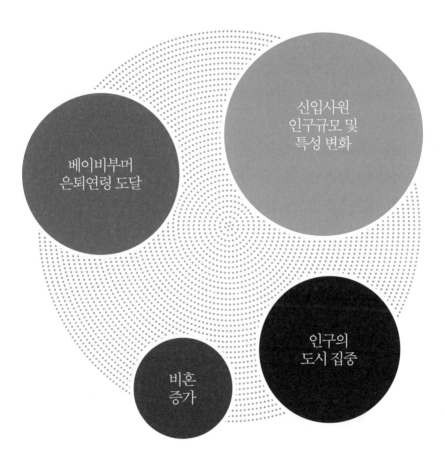

[HR의 미래를 결정할 인구현상]

첫째, 젊은 인구도 은퇴자도 모두 도시로 몰린다.

주 생산연령층인 20대 인구가 서울 및 수도권에 몰리면서 지방의 젊은 인구는 사라질 지경이 되었다. 이에 더해 은퇴 인구가 도시에 몰리는 것도 눈여겨볼 대목이다. 여기에는 정년이 되어 회사를 그만두는 고령 은퇴자는 물론 젊은 나이에 이런저런 이유로 퇴사한 조기 퇴직자도 포함된다. 서울 및 수도권에서 직장에 다니던 이들이 나이 들어 은퇴하면 모두 귀촌을 감행할까? 당장은 살던 서울에 계속 살거나 집값이 좀 더 싸고 병원 등 편의시설이 잘 갖춰진 수도권 도시로 옮길 것이다. 서울에 살든 지방에 살든, 고령의 은퇴자들은 살던 곳을 떠나 새로운 기회를 개척하려 들 가능성이 낮다.

이런 사정은 조기 은퇴자도 마찬가지다. 말 그대로 회사를 그만둔 젊은 인구를 뜻한다. 여행 시장에서 살펴보았듯이 젊은 인구들이 중도 퇴사하는 경우가 늘고 있고, 이런 추세는 앞으로 더 강해질 것으로 보인다.

이들이 회사를 그만두는 이유는 단적으로 말해 지금 하고 있는 일이 본인이 꿈꾸던 그 일이 아니기 때문이다. 대학진학만을 목표로 달리다가 그다음엔 취업만을 목표로 또 달려서 회사원이 되었는데, 막상 정신 차리고 보니 적성에 맞지 않더라는 게 오늘날 많은 직장인들의 고백이다. 이들이 회사를 그만두면 도시를 떠날까? 그럴 리 없다. 대도시에 있던 사람들은 여전히 대도시에 있을 것이고, 지방에 있던 사람들은 외려 새로운 도전을 위해 대도시로 몰려들 것이다. 조기 은퇴자들 역시 서울 및 수도권에 집중되는 것이다.

둘째, '대졸 신입사원'이 줄어든다.

저출산 세대가 20대의 대다수를 차지하게 되는 2030년에는 20대 인구가 456만 명이 될 것이다. 지금은? 2017년 20대 인구는 651만 명이었다.

이제 인사담당자는 20대 대졸자 위주의 신입 채용은 사실상 포기해야 한다. 사람이 줄어드니 대졸 신입사원 규모도 대폭 줄어들 수밖에 없고, 똑똑한 젊은이를 데려가기 위한 기업 간의 경쟁은 더욱 치열해질 것이다. 신규 입사자 규모가 줄어드는 만큼 안 그래도 뜸해지고 있는 '공채'는 사라질 가능성이 크다. 지금도 신입사원이 많이 들어오지 않는 회사에서는 몇 년째 막내 역할을 벗어나지 못하는 이들이 많다. 그런가 하면 경력자가 신입사원 자리에 입사하는 '중고신입'도 많아지고 있다.

대신 고졸 채용 규모는 오히려 확대될 가능성이 크다. 업무 특성상 굳이 대졸자를 채용할 이유가 없다면, 각 부문별로 특화된 기능을 가진 고졸자를 신규인력으로 대거 채용하는 것이다. 단, 특정 직능으로 입사한 경우라면 회사의 다른 부서로 이동하기가 용이하지 않으므로, 취업 이후 대학진학 등을 통해 타 부서 업무에 필요한 지식을 쌓으려는 시도가 늘어날 것이다. 이런 흐름이 강화된다면 내가 주장하는 것처럼 대학과 기업 간의 합의로 '선취업-후학습' 같은 제도가 생길 수도 있고, 그 결과 고졸 인재 채용 규모는 더욱 커질 것이다.

고졸 채용 규모는 커지는 반면, 고학력 인재는 갈 곳이 마땅치 않다. 지금도 박사급 인재는 차고 넘친다. 우리 사회가 젊은이들에게 너무 공부만 강요한 탓이다. 과거에는 삼성 등 대기업이 박사급 인재를 유치하기 위해 대학과 경쟁해야 했지만, 현재는 박사급은 물론이거니와 그들을 지도하는 대학 교수들도 어렵지 않게 채용할 수 있다. 상황이 이럴진대 공부 많이 한 고급 인력들이 언제까지 대접받을 수 있을까? 더욱이 과거보다 훨씬 많아진 해외 유학파까지 가세한다면, 전문지식을 갖춘 고학력 인재들의 설 자리는 더 좁아질 것이다.

셋째, 은퇴한 베이비부머 세대는 과연 놀기만 할까?

은퇴자 입장에서 보면 노후대책을 확실히 해뒀다면 모를까, 노는 것도 하루이틀이다. 턱없이 부족한 국민연금에 기대기에는 남은 인생이 너무 길다. 결국 이들은 노동 시장에 다시 들어오려고 할 가능성이 크다. 국가 입장에서도 이들이 계속 노동 현장에 있어야 연금 지급에 대한 부담을 덜 수 있다. 그러나 노동 시장이 지금 같은 체제를 유지한다면 은퇴자들이 재취업하기가 어렵다. 개인적으로도 사회적으로도 노동 시장이 유연화될 수밖에 없는 이유다.

가장 손쉬운 변화는 은퇴연령을 높이는 것이다. 우리보다 앞서 고령화를 겪은 일본의 많은 기업들은 정년을 현재의 62세에서 65

세로 늦추는 방안을 추진 중이다(물론 임금피크제는 적용된다). 다만 이럴 경우 기업 입장에서는 임금에 비해 생산성이 낮은 고령자들을 계속 고용하는 데 부담을 느낄 게 분명하다. 그래서 현재의 임금체계를 대신할 새로운 급여체계가 실행될 가능성이 크다. 약 50세까지는 지금처럼 그대로 연봉이 올라가다가 그 후에는 몇 가지 선택지를 주는 것이다. 하나는 조기퇴직, 다른 하나는 정년을 지금처럼 60세로 놓고 55세 즈음에 임금피크제를 실시하는 것이다. 또는 51세 이후 능력과 성과에 맞춰 임금계약을 매년 혹은 2~3년마다 갱신하되 정년은 만 62세로 연장하는 것이다. 이 경우 정년이 끝난 다음에도 회사가 필요로 한다면 1~2년씩 계약직으로 근무하는 형태도 가능하다. 능력이 있다면 오히려 현역 때보다 더 좋은 조건으로 일할 수도 있다. 물론 '능력이 있다면'이다. 이 때문에 최근 중년 직장인들의 재교육 니즈가 꾸준히 생겨나고 있다. 교육을 통해 개인 브랜드 가치를 높이고 선택지를 확대하려는 노력이다. 앞서 사교육 시장을 설명하면서 새로운 가능성으로 언급한 내용이다.

넷째, 비혼 인구가 이직률을 높인다.

마지막으로 HR의 미래에 영향을 끼칠 인구현상은 비혼 증가다. 특히 30~40대에서 미혼 및 이혼율이 급증하는 것을 눈여겨봐야 한다. 과연 혼자 사는 30~40대가 늘어나는 것이 HR의 미래와 어떤 연관이 있다는 건가?

생애주기로 봤을 때 30~40대는 한창 경제활동에 충실할 나이다. 그런데 이들 중 상당수가 퇴사를 꿈꾸고, 행복을 찾아 퇴사를 감행한다. 이런 세태를 보고 젊은이들이 근성이 없다고 혀를 차는 기성세대도 있다. '누구는 좋아하는 일만 하고 사나?' 싶어 마뜩찮은 것이다. 예전에도 지금처럼 돈 때문에 싫은 일을 억지로 했던 이들이 많았을 것이다. 그런데 그때는 없었던 조기 은퇴 현상이 왜 지금 많이 나타날까?

이들은 몸집이 가볍다. 한마디로 '딸린 식솔'이 없다. 그러니 이들은 한 직장에 목숨 걸지 않는다. 일하고 있는 곳이 마음에 들지 않거나 장기적인 관점에서 다른 일을 해보고 싶다면 언제든 보따리를 쌀 준비가 돼 있다. 퇴사 결정이 오로지 자신의 의지에 달린 만큼 예전 30~40대에 비해 이직이 용이하다는 뜻이다. 실제로 비혼 인구의 증가와 퇴사율의 상관관계는 뚜렷하다. 지금도 아이를 키우는 직장인들은 쉽게 관두지 못하는 것만 보아도 알 수 있다.

청년층-중년층-은퇴자의 세대갈등을 풀 묘책이 있는가?

인구변화가 불러올 HR의 미래는 한마디로 '메가톤급 지각변동'이라 표현할 수 있다. 구인·구직 관련업체나 헤드헌팅 관련 산업을 비롯해 각 기업의 인사관리에 이르기까지, 국내 산업계 전반에 영향을 미칠 HR의 정해진 미래는 다음과 같이 요약해볼 수 있다.

먼저 고졸 채용 시장의 성장이다. 그동안은 너도 나도 대학에 가야 한다는 사회풍조 때문에 고졸자를 대상으로 한 신규 채용시 장 자체가 형성되지 못했다. 하지만 그 많은 대학 졸업자들이 취업을 못해 사회문제가 되는 현 추세로 볼 때 앞으로 대학 진학은 필수가 아닌 선택사항이 될 가능성이 크다. 더욱이 직장생활을 하다 대학에 진학할 수 있는 길이 열리면(실제 문재인 대통령은 2018년 3월, 청년 일자리 문제 해결책의 하나로 '선취업 후학습' 제도를 빠른 시일 내에 도입하겠다고 공표했다), 고등학교를 졸업한 후 직장생활을 하다가 진학하는 경로가 보편화될 것이다. 고졸 채용 시장은 당연히 성장할 수밖에 없다.

그럼에도 신규채용에는 어려움이 따를 전망이다. 대졸자든 고졸자든 20대 인구 자체가 급감하기 때문이다. 이 때문에 신입사원이 해야 할 단순 업무를 관리직이 하는 경우도 빈번해질 것이다. 또한 앞서 소개한 노동 시장의 유연화 현상은 더욱 가속화될 것이다.

이쯤에서 의문을 품는 분이 있을 것이다. 청년인구가 줄어든다는데 청년실업은 왜 해소되지 않는가?

청년실업의 당사자인 25~29세 인구는 2021년에 370만 명 수준(국내 거주 내국인은 약 341만 명)으로 정점을 찍고 줄어들 것으로 보인다. 그러므로 인구 그래프로만 보면 머지않아 현재 일본에서 일어나는 완전고용이 우리나라 청년들에게 실현될 수도 있다. 물론 우리나라의 경제규모나 경기가 어떻게 되느냐에 따라 달라지겠지만, 그사이에 퇴출될 기업은 퇴출되고 구조조정도 이루어지면 취업 자체는 지금보다 쉬워질 것이다.

그러나 이는 그래프 상의 이야기다. 사실 현재의 25~29세 인구는 2007~10년의 25~29세 인구보다 훨씬 적다. 이들이 누군가 하면 바로 '82년생'이다. 그런데 기억할 것이다. 2008년은 세계 금융위기로 온 세상이 어려울 때였다. 그 때문에 많은 이들이 취업에 실패했고, 자꾸 뒤로 밀려났다. 그러다 보니 1988년생들은 인구규모로만 보면 취업이 쉬웠어야 했는데, 구직전선에서 떠밀려온 82년생과 경쟁하느라 이들도 어려움을 겪었다. 심지어 그 뒤에는 설상가상으로 인구까지 일시적으로 많아졌다. 1994년생들은 자기네 세대 인구도 많은데 위로부터 밀려 내려온 인구 압박까지 가중돼 최악의 구직난을 겪고 있다. 특단의 대책이 없는 한 지금 우리가 경과하는 청년실업 터널은 2030년 즈음에야 실질적으로 끝날 것으로 보인다.

이 모든 현상이 맞물려 노동 시장에서 극심한 세대갈등이 일어날 것이다. 일자리 자체가 늘지 않는 한 신규 인력이 새롭게 채용될 가능성은 적다. 그런 상황에서 은퇴를 앞둔 이들까지 취업 시장에 뛰어든다. 재취업 대신 1인창업을 시도하는 은퇴자도 많겠지만, 직장생활을 하다 창업전선에 뛰어들어 성공할 확률이 높지 않으니, 결국 하던 직종으로 돌아와 재취업을 알아볼 가능성이 크다. 그럴수록 청년층-중년층-은퇴자의 3자 갈등구도는 더욱 첨예해질 수밖에 없다. 고래 싸움에 새우등 터지듯, 58년 개띠와 70년 개띠 싸움에서 82년 개띠가 죽어나고, 그 여파를 맞은 94년 개띠는 오도 가도 못하는 형국이 초래된다는 것이다.

변화의 긍정적인 면이 있다면, 이제 개인의 인생행로에 한층 다양한 형태의 직업활동이 전개될 것이라는 점이다. 몸이 가벼운 싱글 인구는 분야를 넘나드는 경제활동을 할 것이고, 노동 시장의 유연화는 은퇴시기에 구애받지 않고 직장생활을 지속할 수 있는 가능성을 열어줄 것이다.

어느 형태로든 우리가 당연하다고 생각했던 많은 것들이 더 이상 당연하지 않게 될 것이다. 인구변동이 불러올 HR의 미래, 지금이라도 보다 적극적인 준비를 해나가야 하지 않을까.

인구학자가 제안하는 HR의 미래시장·미래전략
Earth-shaking HR Market

▶고졸 채용 시장은 크게 성장할 것이다.

▶젊은 인구가 급감해 신입 채용에 어려움이 따를 것이다.

▶노동 시장의 유연화가 급진전될 것이다.

▶20대 및 은퇴자들은 서울 및 수도권 지역에 더욱 집중될 것이다.

▶노동 시장에서 세대갈등이 심화될 것이다.

▶개인마다 다양한 경제활동 유형이 나타날 것이다.

이제 당신이 미래의 기회를 발굴할 차례다

지금까지 다양한 산업군의 인구변동에 대해 개괄적으로나마 살펴보았다. 내가 이 책에서 주장하는 바를 요약하면 결국 이것이다. 저출산·고령화로 대변되는 우리나라의 인구변동이 매우 빠르게 진행되고 있지만, 그것이 반드시 미래 시장에 먹구름만 가져오지는 않는다는 것이다.

그동안 많은 이들이 저출산·고령화에 대한 위기의식을 우리 사회에 심어주었다. 나도 전작《정해진 미래》에서 2000년 이후 진행되고 있는 다양한 인구변동 때문에 앞으로 한국사회가 어떤 모습이 될지를 구체적으로 소개했는데, 그 모습이 그다지 밝지만은 않았다.

하지만 위기 인식은 이제 충분하다.《정해진 미래》를 읽으신 많은 독자들과 강연을 들은 청중들, 그리고 내 자문을 받은 기업들이 내게 물어보는 것은 '앞으로 미래가 얼마나 어두워지나요?'가 결코 아니었다. 그들은 언제나 '그 속에 기회는 없나요?' 혹은 '어떤 준비를 해야 할까요?'를 물었다. 내가 이 책을 통해 독자들께 전해드리고 싶은 것이 바로 이 두 질문에 대한 답이다.

미래의 시장이 지금과 비교할 때 물리적으로 더 커질 수 없는 것은 맞다. 하지만 기업도 개인도 미래의 시장에서 찾을 수 있는 기회는 반드시 존재하고, 그 기회의 크기가 작지 않은 것 또한 엄연한 사실이다.

그동안 우리가 인구변동이 불러올 미래를 어둡게만 봐왔던 이유는 간단하다. 인구구조에서 무엇이 바뀌는지에 대해서만 이야기했을 뿐, 인구와 시장 간의 관계에 대한 우리의 사고를 바꾸지는 않았기 때문이다.

이런 식이었다. 40대 인구가 앞으로 10년 동안 150만 명 줄어들 것이다. 그러니 40대를 대상으로 한 시장은 작아질 수밖에 없다. 40대가 한국사회에서 차지하는 비중이 크니 앞으로 경제는 위기다. 또 앞으로 고령자가 급증한다. 고령자는 은퇴했고, 은퇴하면 생산보다는 소비, 그것도 주로 사회적 비용을 쓰는 소비를 할 테니 경제에 마이너스 요인이다.

이 40대와 고령자의 사례는 '팩트(40대 인구가 줄 것이다, 고령자는 늘 것이다)'에 기반을 두고 지금까지의 '관행(40대와 고령자는 각각 동질적인 사람들이고 인구의 크기는 시장의 크기다)'으로 시장을 분석한 것이다. 나는 이 책에서 시장과 인구의 관계에 대한 이 관점을 바꾸자고 주장했다. 그것을 바꾸면 인구변동에서 새로운 시장이 생겨나는 것이 보일 것이고, 이 시장의 특성을 미리 파악하면 인구변동은 위기가 아니라 기회가 될 수 있음을 말하고자 했다. 40대 인구는 분명히 줄어든다. 하지만 더 이상 모든 40대가 기존의 전형적인 40대 모습(한두 명의 자녀를 둔 기혼자)을 하지는 않는다. 적어도 40대의 20%는 결혼도 하지 않고 자식도 없다. 앞으로도 혼자 살 가능성이 크다. 그러므로 이들의 소비 패턴은 전형적인 40대와는 전혀 달라질 것이다. 이렇게 되면 비록 절대적인 크기는 작아질 것이 확실하지만 새로운 인구집단, 즉 기존에 존재하지 않았던 새로운 시장이 생기게 된다. 이 시장을 어떻게 공략하는지가 인구변동을 기회로 만드는 방법이다.

이 책에서 나는 17개 시장의 정해진 미래 모습과 그 시장에서 어떤 기회를 어떻게 찾아낼 수 있는지 인구학자로서 의견을 제시했다. 프롤로그에서도 언급했지만 나는 시장을 분석하는 마케팅 전문가가 아니다. 어디까지나 인구학적인 관점에서만 나의 의견을 피력했다. 그런 만큼 독자들께서는 나의 의견을 참고만 하셔야지 맹신할 필요는 없다. 그럼에도 많은 독자들이 이 책에서 제시된 시장의 기회에 대해 꽤 그럴듯하다고 느끼실 것이다. 왜냐하면 그 어떤 변수들보다도 인구를 통해 볼 때 정확한 예측이 가능하며, 인구를 기반으로 시장을 분석하는 것이 여전히 매우 합리적이기 때문이다.

필자로서 나의 바람은 독자들이 이 책에 제시된 17개 시장의 사례를 바탕으로 본인이 관심 있는 시장의 정해진 미래 모습을 한 번 그려보고, 그 속에서 시장의 기회를 찾았으면 하는 것이다. 1부에서 인구학적 관점으로 미래 시장의 기회를 찾는 방법론을 소개한 이유이기도 하다. 이미 아시겠지만 이 방법론이 그다지 복잡하지도 않다. 시험 삼아 1부를 다시 읽으며 책에 소개된 17개 시장의 정해진 미래에서 어떻게 기회를 발굴할 수 있는지 직접 생각해보자. 처음에는 어색할 수 있지만 첫 번째 백화점부터 시작해 챕터들을 넘어가면서 스스로 생각해본 시장 전망이 내가 책에 적은 것과 그리 다르지 않음을 느낄 것이다. 미래 시장의 기회를 스스로 찾고 발굴할 수 있는 능력을 기른 것이다. 많은 독자들이 이 능력을 기르고 내가 분석한 미래 시장의 기회를 넘어서 훨씬 다양하고 풍부한 분석을 해주실 것이라 믿어 의심치 않는다.

미래 시장의 많은 부분은 이미 정해져 있다. 오늘의 인구변동이 만들어놓은 결과이기 때문이다. 설령 그 미래가 어둡다 해도 미리 알 수만 있다면, 미래가 정해져 있다는 것은 오히려 무엇보다 큰 기회가 된다. 반대로 아무리 정해진 미래가 밝다 해도 그 모습을 알 수 없다면 기회는 남의 몫이 될 것이다. 이 책이 독자들이 궁금해하는 시장의 정해진 미래에서 불확실성을 걷어내고 확실한 기회를 찾는 데 약간이라도 도움이 되는 참고서 역할을 해주길 희망한다.

1) 2016.12. "장래인구추계(2015 인구총조사 기준)." 통계청.

2) 배재성. 2017.10.20. "2035년 한국, 남성 30% 평생 혼자 산다." 중앙일보.

3) 임달오. 2013. "생애의료비 추정 및 특성분석." 보건산업브리프 Vol. 100. 한국보건산업진흥원.

4) 오유미. 2017. "기대수명 90.8세의 정책적 함의와 대응방향." Weekly Issue 제15호. 한국건강증진개발원.

5) 박수호. 2017.09.01. "무너진 호텔산업, 그 이유는 '이럴 줄 몰랐다' 정부 수요예측 실패 '줄초상'." 매일경제.

6) 2017.03. "5060세대 절반, 노후자금 더 마련 못한 걸 가장 후회한다." 행복한 은퇴발전소. Vol.01. 미래에셋은퇴연구소.

7) 천진영. 2017.07.14. "식품업계 '엔젤 산업' 강화… 영유아 고객 잡기에 총력." 글로벌이코노믹.

8) 2016. "2016 가공식품 세분시장 현황 – 커피류 시장." 한국농수산식품유통공사.

9) 김미숙. 2018.03.14. "농식품부, 청년층 귀농확산 등 '귀농귀촌정책' 강화… 농업 · 농촌 활력증진 도모." 한국농어촌방송.

10) 김동호. 2018.04.03. "[지상중계] 수산인력 육성 및 지원방안 마련 국회 토론회." 농수축산신문.

11) 김동호. 2018.04.03. "[지상중계] 수산인력 육성 및 지원방안 마련 국회 토론회." 농수축산신문.

12) 신경혜, 박성민, 한정림. 2017. "국민연금중기재정전망: 2017-2021." 국민연금연구원.

정해진 미래
시장의 기회

2018년 5월 23일 초판 1쇄 발행
2023년 12월 1일 초판 13쇄 발행

지은이 조영태

펴낸이 김은경
펴낸곳 ㈜북스톤
주소 서울시 성동구 성수이로7길 30 빌딩8 (2층)
대표전화 02-6463-7000
팩스 02-6499-1706
이메일 info@book-stone.co.kr
출판등록 2015년 1월 2일 제2018-000078호
ⓒ 조영태
(저작권자와 맺은 특약에 따라 검인을 생략합니다)
ISBN 979-11-87289-34-0 (03320)

이 책의 국립중앙도서관 출판예정도서목록(CIP)은 서지정보유통지원시스템 홈페이지(http://seoji.nl.go.kr)와 국가자료공동목록시스템(http://www.nl.go.kr/kolisnet)에서 이용하실 수 있습니다.(CIP제어번호: CIP2018014063)

책값은 뒤표지에 있습니다. 잘못된 책은 구입처에서 바꿔드립니다.

북스톤은 세상에 오래 남는 책을 만들고자 합니다. 이에 동참을 원하는 독자 여러분의 아이디어와 원고를 기다리고 있습니다. 책으로 엮기를 원하는 기획이나 원고가 있으신 분은 연락처와 함께 이메일 info@book-stone.co.kr로 보내주세요. 돌에 새기듯, 오래 남는 지혜를 전하는 데 힘쓰겠습니다.